U0347014

查尔斯·汉迪管理经典

非理性时代

工作与生活的未来

THE AGE OF UNREASON

New Thinking for a New World

[英] 查尔斯·汉迪 著　汪宏强 译
Charles Handy

机械工业出版社
CHINA MACHINE PRESS

北京市版权局著作权合同登记　图字：01-2023-3004 号。

图书在版编目（CIP）数据

非理性时代：工作与生活的未来 /（英）查尔斯·汉迪（Charles Handy）著；汪宏强译. -- 北京：机械工业出版社，2025.1. --（查尔斯·汉迪管理经典）.
ISBN 978-7-111-76985-9

Ⅰ. C936

中国国家版本馆 CIP 数据核字第 20247VY896 号

机械工业出版社（北京市百万庄大街 22 号　邮政编码 100037）
策划编辑：石美华　　　　　　　　责任编辑：石美华　高珊珊
责任校对：孙明慧　李可意　景　飞　责任印制：刘　媛
涿州市京南印刷厂印刷
2025 年 2 月第 1 版第 1 次印刷
170mm × 240mm · 13.75 印张 · 1 插页 · 167 千字
标准书号：ISBN 978-7-111-76985-9
定价：69.00 元

电话服务　　　　　　　网络服务
客服电话：010-88361066　机　工　官　网：www.cmpbook.com
　　　　　010-88379833　机　工　官　博：weibo.com/cmp1952
　　　　　010-68326294　金　书　网：www.golden-book.com
封底无防伪标均为盗版　机工教育服务网：www.cmpedu.com

致谢
Acknowledgements

未来并非注定不变。如果我们有清晰的愿景，就可以引领未来的发展，本书正是源自这一信念。在这充满变化的时代，我们有能力且有义务驾驭自己的命运。

本书在一定程度上延续了我之前著作的内容，探讨了组织和未来的工作，分析了学校和志愿组织，还对中年人生和个人信仰进行了深入思考。如今，我逐渐明白，这些都是人生不可或缺的部分，它们彼此交织，共同构成了我们的人生。若将它们割裂开来，便会陷入简化主义，这是现代生活最大的弊病。所谓简化主义，就是把整体拆散，只着眼于局部和细节，这样往往到最后只见树木不见森林，领会不到整体所表达的含义。

本书主要面向组织内的成员和管理者，因为正是他们有效推动了组织的变革，虽然他们未必意识到了这一点。我们的生活已经出现了变化，未来我们还将目睹更多的变化。究其根源，在于工作场所的变革。一直以来，工作都对我们的生活方式产生着重大影响，不过经常是以人们意想不到的方式。

本书的观点博采众长，在此我仅能对其中一部分人专门表示感谢。我在世界各地的研讨会、培训课程和论坛上认识了很多管理者和专业人士，从他们那里汲取了很多先进理念。1988年，合益管理咨询公司（Hay

Management Consultant）[一]组织了一批年轻高管对未来进行畅想，他们的前瞻性观点给了我莫大的启发。彼得·德鲁克（Peter Drucker）[二]关于"非连续性时代"（Age of Discontinuity）的思考以及汤姆·彼得斯（Tom Peters）[三]提出的"颠覆性世界"（A World Turned Upside-Down）的概念都具有预见性，与本书的两大主题高度契合。尽管他们探讨的只是组织，但我认为他们的思想远远超越了组织的范畴。

如果没有我的出版商盖尔·雷巴克（Gail Rebuck）[四]和露西·尚克尔曼（Lucy Shankleman）的鼓励和鞭策，本拙作难以付梓成书。他们给了我很多独到的见解和宝贵的意见，并对本书充满了信心。我在此由衷地表示感谢。还有我的太太伊丽莎白（Elizabeth），作为我的亲密战友，无论是在写作之中还是在写作之余，她陪伴我一起走过了创作本书的每个环节，我感谢她在整个过程中的慷慨大度以及给予我的各种帮助。创作本书开启了我新的人生，让我可以主宰自己的命运。我希望读者也能够从中受益，同样掌控自己的命运。

查尔斯·汉迪

英格兰诺福克郡迪斯镇

[一] 合益管理咨询公司 1943 年成立于美国费城，是一家全球性管理咨询公司。后改名为合益集团（Hay Group）。2015 年，合益集团与光辉国际（Korn Ferry）合并，专注于组织与人才领域。——译者注

[二] 彼得·德鲁克（1909—2005），现代管理学之父。——译者注

[三] 汤姆·彼得斯（1942 年至今），美国著名管理学家和作家，他以在商业管理领域的创新思想和畅销书《追求卓越》（In Search of Excellence）而闻名，该书对全球企业管理实践产生了深远影响。——译者注

[四] 盖尔·雷巴克（1952 年至今），英国出版界的杰出人物，曾任兰登书屋（Random House）首席执行官和董事长。——译者注

前言
Preface

前不久我去了德累斯顿，在那里我遇到了莫特先生（Herr Motte），他负责把当地的 700 多家企业重新私有化，而这些企业在 1991 年前都归国家所有。他手下有 32 名员工，他的团队每天必须为一两家企业找到买家才能达成目标，其中许多公司几乎无人问津。这是一项艰巨的任务。我问他，要重新打造德国的商业环境，从哪里可以得到借鉴。他说，没有什么模式可以借鉴，我们必须重新定义未来。

当本书首次出版时，柏林墙依然横亘在联邦德国和民主德国之间，然而不到 6 个月，它就轰然倒塌了。这个例子生动地体现了本书将要介绍的非连续性变化。至于我们应该如何应对，莫特先生的回答对此做了精辟总结：不要拘泥于过去，而是要创造全新的、与众不同的甚至能超越以往的模式。正如萧伯纳（George Bernard Shaw）⊖所说的那样，我们要变得"非理性"，即以非常规甚至是颠覆性的方式应对未来。

本书关注的是工作和个人生活，而非政治、战争或国家事务，但书中传达的内容同样重要，工作和生活上的变化带来的影响丝毫不亚于那些宏大的历史变革。这个版本即将付梓之际，人们担心经济会出现大范围的衰退。经济衰退是因为我们的组织运营成本过高，组织结构复杂臃肿。就像过去的计划经济一样，这些集中管理的组织到了今天才意识到，过去那些

⊖ 乔治·萧伯纳（1856—1950），爱尔兰著名剧作家、评论家和社会活动家。——译者注

行之有效的方法已经失去了竞争力。如果它们想在这个科技为王、一切皆有可能的时代生存下去，就必须重新规划未来，重新思考自身的运作方式。

这些组织该如何应对新的时代？这个问题的答案将影响我们所有人。最近我去美国出差，在各个城市的市中心，到处都能看到新建的办公大楼，这些大楼装修得豪华气派，但是却漆黑一片，根本没有人在里面。这到底是因为经济衰退，还是因为新型组织觉得没有必要租用这么贵的办公室？对于其中的真实原因，我们只能拭目以待。

自本书初版问世以来，对于工作世界的发展趋势以及我们的应对方式，我的想法并没有改变，只不过更新了一些数字和例子。虽然在具体细节和时间点上可能存在争论，但许多人在大的原则上对这些内容和观点基本保持认同。然而对大多数人来说，未来的前景令人沮丧，就像一股历史的浪潮退去，留下了许多死鱼、浮木和垃圾。在我看来，这是一股充满机遇的浪潮，无论是启动新的计划还是调整事业方向。当然，奔涌而来的浪潮也可能会淹没那些毫无防备和准备不足的人。当我每天早晨看着熙熙攘攘的人群从通勤火车上蜂拥而出时，我对他们表示担心。他们似乎依然觉得或是希望自己还生活在风平浪静的海边，一切没有变化。

他们不可能置身事外。潮水不会按计划整齐划一地到来，而是波涛汹涌地席卷而至。这确实是个充满不确定性和非理性的时代。无论是否愿意，我们都将与这个新的时代共存。我们曾经依附于所谓的"组织"，它们给我们的人生岁月带来了秩序，但也像"舒适的囚笼"将我们束缚其中。如今，我们大多数人将在这些"舒适的囚笼"之外度过更长的岁月，迎接新的自由。

这种新的自由是非连续性变化给我们大多数人带来的最大影响。正如东欧新兴民主国家所发现的那样，自由也可能令人无所适从。我相信大家别无选择。传统的工作方式已经过时，我们必须重新塑造未来。这在很大程度上取决于那些引领并设计新型组织的领导者。正是他们，而非政治家，掌握着我们的命运。本书的主要读者正是这些人。希望他们能高瞻远瞩、充满勇气，在保持理智的同时以非理性的方式塑造未来。

查尔斯·汉迪

英格兰诺福克郡迪斯镇

1991 年

目录
Contents

第三部分　生活

第一部分

变 化

——

Part 1

CHANGING

Chapter 1

THE ARGUMENT

第一章
非连续性变化

20 世纪 80 年代的英国国教总会，有人提议由女性担任神职，这引发了现场的争论，大家为此吵得不可开交。议会厅的一位发言人激动地喊道："我们乃泱泱大国，这件事情为什么不能和其他事情一样维持现状呢？"他道出了教会里面那些因循守旧者的心声，这也是历代当权者所盼望的。如果万不得已要做出改变，最好也是一种连续性变化。愤世嫉俗者可能会注意到，要是这样的话，就不会发生什么太大的变化。

连续性变化令人安然自得，因为以史为鉴就能知兴替。有位美国友人第一次来英国和欧洲大陆访问。他奇怪地问道："为什么在这里每次我请教什么，比如想了解某个机构、某种仪式或某种规则背后的原因，人们总是告诉我因为历史上是这样的。而在美国，我们总想知道这是起到了什么样的实际作用。"在我看来，欧洲人沉醉于他们灿烂的历史，安于现状；美国人则愿意展望未来，力求改变。

然而，种种外部因素交织在一起，偶尔也会让那些因循守旧者感到不自在。战争无疑最令他们惶惶不可终日，而当科技的发展像工业革命那样突飞猛进时，同样也会让他们惴惴不安。除此之外，婴儿潮或婴儿荒引发的人口结构调整，1968年学生动乱时期整个社会价值观的转变，以及社会经济状况的变迁，这些外部因素都会让他们不知所措。

我认为，当下各种外部因素再次以一种微妙的方式交织在一起，正在给社会带来前所未有的变化。面向未来，安于现状并非最佳选择。未来之路不会一帆风顺，但无疑会更加刺激。无限风光在险峰，我们常用这一说法来表示风险与机遇共存这种不确定性状况。如果我们想要更好地把握机遇、规避风险，就要更加充分理解这些变化。那些理解变化因何而起的人，在自我保护或者应对不可抗力时，就会更加游刃有余；那些洞察到变化趋势的人，就能够更好地驾驭变化，将其为己所用。善于接纳变化的社会将更好地利用变化，反之则只能无奈地做出应对。

萧伯纳曾言："所有的进步都依赖于非理性之人。"他的理由是：理性之人让自己适应世界，而非理性之人则坚持让世界适应自己。因此，要推动任何实质性变革，我们都必须寄希望于那些非理性的英雄好汉和女中豪杰。

从这个意义而言，我们正迈入一个非理性时代。这是一个全面重塑的时代，我们将全方位打造自己的未来；这是一个充满不确定性的时代，唯一可预见的就是凡事无法预见；这也是一个纵横驰骋的时代，呼唤我们在个人生活和公共事务方面展开天马行空的想象，想常人之不敢想，为常人之不敢为。

写作本书的目的也是让读者更好地了解与我们息息相关的各种变化。这样无论是个人还是社会都能趋利避害，从中获得更大收益，减少痛苦和焦虑。毕竟，变化意味着成长，也代表着学习。只要我们下定决心，就一定能做出改变并享受变化。

本书探讨的相关内容基于以下三大假设：

- 当前的变化是一种非连续性变化，与之前不同，而且没有什么模式可以参考。尽管这种变化令人捉摸不透，尤其是那些当权者，但这样的变化在历史上的确时有发生。
- 恰恰是那些微不足道甚至不经意间的变化，给我们的生活带来了最大的改变。而工作方式的转变同样也会给每个人的生活方式带来巨大的影响。
- 非连续性变化要求我们拥有颠覆性思维，尽管那些"反其道而行之"的另类思考者和他们的颠覆性想法乍看上去让人匪夷所思。

"变化"今非昔比

30年前，我在一家世界知名的跨国公司开启了自己的职业生涯。公司为了激励我，给我描绘了一条未来职业发展路径，并告诉我："这将是你的人生，以后你可能会从事这些岗位。"我依然记得，那条路径的终点是在千里之外异国他乡的某公司担任首席执行官。当时的我有些受宠若惊。在我远没有达到公司为我设定的职业高度之前，我就离开了。现在我听说，不仅当时公司给我规划的岗位已经不复存在，就连我本该掌管的那家公司甚至其所在的国家都已经无影无踪。

　　30年前，我认为人生会沿着一条长长的、连续的轨迹线，伴随着好运，一直走上坡路。时至今日，我对人生有了更好的理解。30年前，我服务的那家公司认为未来大致可以预见，所以可以对未来进行规划和管理。如今，他们不太看得清未来。30年前，大多数人认为变化基本都会往好的方向发展，人们也欣然接受这种连续性变化。今天我们才知道，在很大程度上，生活中的很多方面我们都无法保证，无论是工作、财富、和平、自由、身心健康还是人生幸福，我们甚至没有把握推断自己的生活会变成什么样。如今的变化有更大的不确定性，但如果我们换个角度来看，这种变化也令人更加兴奋。

　　当然，无论变化是积极向上的还是消极负面的，是微不足道的还是至关重要的，变化总是取决于我们自己，是我们给变化赋予了意义。设想一下"Change"这个单词的各种用法，还有哪个词能像它这样"身兼数职"吗？

- "变化是生活的一部分"（Change is Part of life）（通用名词）。
- "安排有所调整"（There is a change in the arrangements）（特殊名词）。
- "请数数你的零钱"（Please count your change）（比喻名词）。
- "请换一下这个轮子"（Please change this wheel）（及物动词）。
- "我不会改变"（I will not change）（不及物动词）。
- "我在哪里换车？"（Where do I change trains）（比喻动词）。
- "她是一名睿智的变革推动者"（She is a clever change agent）（形容词）。

如果"Change"（变化）既可以描述"换了身着装"这样的生活琐事，又可以形容"人生的转变"这样的深刻影响，我们如何轻易辨别这个词是否代表着有什么重要事情会发生呢？类似地，当它既可以表示"进步发展"，又可以代表"前后矛盾"时，我们怎么知道它表达的是什么意思呢？我们可能会纳闷，英语的"博大精深"到底是迷惑了外国人，还是搞晕了我们自己？

"变化"几乎只会朝好的方向发展，而且还将尽可能造福大众。在20世纪六七十年代经济高速增长的日子里，人们对"变化"抱有一种相当乐观的态度，这也让很多人对个人的幸福和成功充满不切实际的幻想。在这种社会风气下，家大业大者想要更加兴旺发达，有权有势者希望更加位高权重，甚至那些贫困潦倒者也期待有朝一日能在社会发展中分得一杯羹。这种乐观的想法不可能在任何地方长期持续下去。即便在日本、德国或美国这些看似可行的国家，大家也都意识到，这种长期向好的"变化"难以为继。种种迹象显示这一轮的变化发展即将告一段落。如今各个国家都越来越急迫地追问："接下来的发展靠什么？"

这不仅仅因为变化在加速，当然变化加速确实是事实。我们以前肯定都见过这样的趋势图：从公元前500年开始，以100年为间隔，"人类移动速度"都在递增。接近现代时，趋势线突然变得异常陡峭。在这个阶段，马匹先后被汽车和飞机所取代，甚至还有了火箭。这种"加速变化"的趋势与"越变越好"的想法完全匹配。只有当趋势线开始脱离预定轨迹时我们才开始担忧，因为这时渐进式变化突然变成了非连续性变化，情况变得难以预测，也更难掌控。数学里有一个有趣又形象的理论叫突变理论（Catastrophe Theory），专门研究人们观测到的现象中的各种非连续性曲线。它们有时会反转掉头，有时会急转直下，有时还会突然进入平稳状态。毕竟，趋势线在没有掉头循环的情况下，是不可能永远加速下去的。

我认为，对社会而言，非连续性变化并不意味着大难来临，而且也没必要视其为一场灾难。我情愿相信，在一个循规蹈矩的社会，非连续性变化是推动社会发展进步的唯一途径。这样的社会习惯了固有模式，观念陈旧，宁愿抱残守缺沿用社会现行的运行方式，也不愿探索前人的未经之路，或是尝试以全新的方式看待事物。秘鲁印第安人的故事一直让我津津乐道。当他们看到西班牙侵略者的帆船出现在海平面时，由于在他们有限的经验中完全没有帆船的概念，就把这归咎于天气反常，继续照常生活。他们想当然地认为事物的变化是连续的，对不符合经验的事情视而不见，结果导致灾难性后果。相对来讲，温水煮青蛙的故事就有点老生常谈了。把一只青蛙放在冷水中慢慢加热，它不会及时跳出来，直到最后被活活煮熟。对于青蛙来说，水温慢慢升高不过是一种安逸舒适的连续性变化，以至于它没有意识到连续性变化发展到某一时候就会突变，需要改变自身行为才能应对突如其来的变化。如果我们想避免秘鲁印第安人或温水煮青蛙的命运，就必须学会如何寻找并拥抱非连续性变化。

尽管"非连续性"这个词听上去很难引起大众的共鸣，但它比听上去更具革命性意义。因为拥抱非连续性变化意味着，我们要重新思考该如何学习新事物。在渐进变化的世界里，效仿前辈是明智之举，只要传承他们的知识，接替他们的责任即可。但在非连续性变化下，前辈的方式不再是理所当然的正确选择。我们可能需要制定新的规则，并通过自己的探索来发现这些规则。这样学习就变成了一场探索之旅，需要质疑并验证想法，科学家和孩子们都深知这一点。但是很快，父母、老师以及上级领导就会提醒我们，如果我们所学的内容都是别人已知的，那么这种探索就会徒劳无功。这种学习方式即便算不上大逆不道，也会被视为对权威不敬。换言之，如果你认为周围的世界存在非连续性，你就会威胁到知识拥有者、掌权者或者当权者的权威。

对于掌权者而言，连续性代表着安逸稳定，在凡事可预见的情况下，他们能继续掌控局面。因此，出于本能，他们认为太阳会照常升起，一切都会保持现状。曼瑟尔·奥尔森（Mancur Olsen）曾言之凿凿，社会需要革命来打破僵局，组织需要冲击来实现振兴。这就是为什么，300 多年来未受革命影响的英国，在面对未来时，似乎更倾向于维持现状。这也说明了为什么组织的学习进步总是姗姗来迟。

组织的重大变革似乎都遵循着这种可以预见的且令人感慨的顺序：

- **惊恐万分**：组织可能面临破产、被收购或分崩离析的情况。
- **新的面孔**：组织高层引入新的管理者。
- **新的问题**：质疑过去的做法，组织调查小组梳理过去的情况并提出新的方案。
- **新的组织架构**：打破现有格局，调整组织架构，给新人施展空间，打破旧团体。
- **新的目标和新的标准**：新的组织为自身设定新的发展目标和业绩指标。

我们是否总要经历一番痛苦后，才开始痛定思痛？是否要等到"泰坦尼克号"沉没后，才强制要求所有客轮为乘客配备足够多的救生艇？是否只有等到"挑战者号"航天飞机爆炸后，美国航空航天局（NASA）才会重新调整其决策体系和优先计划？要发生多少致人死亡的车祸后，我们才愿

　　㊀　曼瑟尔·奥尔森（1932—1998）是美国著名的经济学家和社会科学家，以其在公共选择理论和集体行动理论方面的开创性贡献而闻名。——译者注

意牺牲汽车的性能而让其变得更安全？

本书想阐明的是，我们周围充满了非连续性变化。如果我们对这些迹象视而不见，那就会像秘鲁印第安人无视侵略者的帆船那样愚昧无知。我们不要像温水里的青蛙那样太晚才采取行动，也不要坐以待毙直到革命来袭。非连续性变化中总是机遇和挑战并存。如果我们能转变观念、调整习惯并改变我们组织的某些运作方式，那么我们将迎来一个充满新发现的时代、一个启迪新思想的时代、一个饱含新自由的时代，也是一个真正意义上的学习时代。

我常常让人们回忆他们一生中最重要的两三段学习经历。没有人告诉过我他们曾经上过哪些课或获得了哪些学位，他们告诉我的都是自己与死亡擦肩而过的瞬间、不幸遭遇的危机，以及曾经经历过的挑战与对抗，这些挑战与对抗当时对他们来说都是未曾经历且意料之外的。换句话说，他们分享的都是当人生的连续性被打破，没有任何过往经验可借鉴，也缺乏任何指南可参考时的经历。但是他们成功渡过难关后，这段人生经历就变成了一场学习之旅、一次成长历练。所以，突如其来的人生变化如果处理得当，就会成就我们的个人成长。

起步很小

我们的人生有两个层面。曾有人请一名美国青少年列举她认为即将发生的未来大事件，她列出如下内容清单：

- 美苏结盟
- 攻克癌症

- 试管婴儿
- 意外核爆炸事件
- 无政府状态在全球蔓延
- 机器人在美国执政

我们每个人都可以列出自己心目中的重大成就和灾难事件。然而，当她被问及个人生活中哪些重要事情迫在眉睫时，她的回答清单如下：

- 搬进自己的公寓
- 进入室内设计学院学习
- 拿到驾照
- 养狗
- 结婚
- 生子
- 去世

本书的内容与"变化"相关，但更多的是与第二个清单的变化有关，而非第一个。这并不是说攻克癌症或爆发核战争不会给我们的日常生活方式带来影响，但这些宏大叙事还是留给别人当作题材吧。我之所以写本书，是因为我坚信生活中那些细微的变化往往会带来最长久、最深远的影响。

以烟囱为例，它引发的社会变革或许比任何战争都更为深远。在没有烟囱的时代，人们不得不聚在房屋的中央火堆周围取暖，屋顶上还要有个散烟孔。随着烟囱和独立烟道的出现，整座房屋可以实现多个房间同时供暖。因此，到了冬天，个人和小家庭就可以在各自房间独立取暖。这在无形中削弱了整个部落在寒冬中的凝聚力。

集中供暖进一步推动了社会变革。在这种去中心化的供暖方式下，人们摒弃了壁炉，搬入了层层叠加、高耸入云的居民住宅楼。于是，许多人得以独自生活，虽身处高空、远离地面，但屋内却是暖洋洋的。

没有人想要倒退到烟囱或集中供暖发明前的时代，但是它们的发明者（就算他们曾为人所知，也早已淹没在历史的尘埃中）也一定未曾料到，自己的发明会给社会结构带来如此巨大的变化。我将在书中论述，电话已经成为现代社会的烟囱，无形中改变着我们工作和生活的方式。

有一次我看到一名男子坐在自己的车里，而我正觊觎他的车位。我问他："你要开走吗？""还要等几个小时呢。"他回答。我看见他旁边的车座上有台笔记本电脑，传真机连在汽车电话线上。他把汽车变成了自己的移动办公室。

就像集中供暖一样，电话及其配套设备也改变着人们的工作方式，人们即使身处异地，也能一起工作。分散型组织形式如今已成为现实，其带来的深远影响不容小觑。美中不足的是，这种组织形式会让人失去人与人之间相处的乐趣。正如布莱斯·帕斯卡[⊖]所言：几乎我们所有的痛苦，皆源于不善独处。如今，越来越多的人，不论男女，将不得不面临这一现实。

以烟囱和电话为代表的技术发明，往往可能会引发潜在的非连续性变化，而经济现实则是非连续性变化另一个重要驱动因素。政府也许可以暂时延缓这种变化，但在大势所趋的情况下，是不可能永远回避下去的。国家的兴衰最终取决于自身的比较优势。比较优势意味着拥有别人愿意付出代价来购买的资源，无论是石油、矿产、廉价的劳动力、丰沛的日照资源还是优秀的人才。对英国和其他工业化国家来说，人才越来越成为比较优

⊖　布莱斯·帕斯卡（1623—1662），法国神学家、哲学家、数学家、物理学家、化学家、音乐家、教育家、气象学家。——译者注

势。优秀的人才可以在少量原材料的基础上创造优秀的产品或提供优质的服务，从而贡献极大的价值。我们通过这些产品和服务带来的收入去进口自己无法种植和生产的东西，这样我们的国家才会更加欣欣向荣。比较优势看似简单直接，但它的影响却波及方方面面。现在，各行各业都越来越需要高素质人才，留给那些资质平平者的机会越来越少。与此同时，组织在提供优质的产品或服务的过程中，耗费了大量时间来处理各类信息，如事件、数据、文字、图片等信息纷至沓来，而围绕这些信息开展的创意、论证、会议、组委会、报告和论坛等组织活动也接踵而至。各类信息层出不穷，并通过电话进行传输。于是，技术和经济开始融合，导致很多组织在自身的形态、能力及目标方面都面临着深刻的非连续性变化。但那些明智的组织不再沿袭传统的组织运作模式，它们展现出迥异的形态、独特的工作方式、多元的年龄结构，以及别具一格的管理风格。

曾任澳大利亚内阁部长的巴里·琼斯（Barry Jones）列出了信息产业涉及的典型行业：

教学	创意艺术与建筑
研究	设计
白领工作	音乐
公共服务	数据处理
通信	计算机软件
传媒	销售
电影	会计

○ 巴里·琼斯（1932年至今）是一位澳大利亚政治家、学者和作家，曾担任澳大利亚联邦政府的科学与技术部长。他以其在教育、科学和人权领域的贡献而闻名。——译者注

戏剧	法律
摄影	心理咨询
邮政电信	社会工作
图书出版	企业管理
印刷	广告
银行业	教会
房地产	科学
行政事务	贸易联盟
博物馆和电视	议会

我们还可以在上述清单中加入股票经纪、咨询、新闻、会议举办、文秘、医药、政府和地方公务员。

本书的读者基本都能在这里面对号入座。

技术和经济的结合会产生一股强大的力量，其催生出的种种变化正是本书创作的前提。社会习俗也会因此发生改变。在信息社会，更多的女性可以轻松找到满意的工作。而科技进步已经让生儿育女成了大多数人的一种积极选择。人们越来越把婚姻当成一种公开承诺——双方要成立家庭。那些不以建立家庭为目的的恋爱关系，也不再需要经过社会的认可。女性可以自力更生，理论上也可以独自承担家庭责任，很多女性也倾向于此。那些曾经因技术和经济限制而被视为不可能甚至在社会上不被接受的事情，如今不仅变得可能，还逐渐被社会接受。外界出现的非连续性变化也在不知不觉中影响人们的家庭生活。

语言吹响了社会变革的号角。当我们的表达方式发生变化时，社会行为的变化也将不甘其后。"家庭主夫""单亲家庭""丁克族""远程工作者"，诸如此类的说法在十年前都鲜有耳闻，因为当时它们都尚无用武之地。企业过去常常邀请男性员工带"妻子"参加活动，后来他们注意到女性员工数量越来越多，就改称为"配偶"，再后来社会普遍接受婚姻不再是唯一稳定的恋爱关系，所以又改称"伴侣"。目前在美国加州比较普遍的说法叫"重要的另一半"，是为了照顾到任何可能出现的情况。

好好想想！

正是技术与经济变革的交织，特别是信息技术和生物技术以及与相关经济因素的结合，引发了一场深刻的非连续性变化。这股力量必然会给世界带来巨大的影响。

信息技术将计算机的处理能力与微波、卫星以及通信光缆结合了起来。这项技术并不是在缓慢发展，而是在突飞猛进迈入未来。据说，如果汽车产业的发展速度能与计算机的处理能力一样快，今天我们或许能以 1 英镑的价格购得每加仑能跑 400 英里的劳斯莱斯。

生物科技也是一个新兴产业，其发展源于对生命核心遗传密码 NDA 的解读。作为科学和产业的结合，它的兴起只经历了一代人，而且其成果如今在我们的日常生活中已经明显可见，包括转基因作物、基因指纹鉴定以及所谓"生物工程"带来的各种好坏不一的可能性。

这两项技术的发展日新月异，带来的结果也难以估量。在未来 10～20 年，其中一些技术的进展可能会极大地改变我们的生活。有一批年轻的高管在公司的要求下畅想了 2000 年可能会发生的情景。[⊖]

⊖ 本书写作是 1991 年，下文畅想的是未来 2000 年的世界。因此，下文畅想内容中对现状的表述是指 1991 年左右的情况，而对将来的表述指的是 2000 年的情况。——译者注

Mark 2 无绳电话[○]

随着下一代无绳电话的出现，我们也许可以人手一台便携式个人手机。这种手机可以在任何地点使用，并且价格亲民，普通人也负担得起。把它连到笔记本电脑、便携式传真机、汽车或火车的座位上，我们就有了自己的个人办公室。更有意思的是，到时候手机将由个人随时携带，而不是放置在某个固定场所。当我们给某人打电话时，我们并不知道他在哪儿。

单克隆抗体

这些用于预防特定疾病的基因工程细菌已经存在，并将得到扩展。人类已经可以制造出用于预防主要冠状动脉疾病的凝血剂和抗凝血剂。"清道夫蛋白"正在研发中，目的是定位并清除血液中对人体有害的物质，例如过量的胆固醇。到 20 世纪末，人类能够治愈大多数癌症，也可能攻克艾滋病。老年期痴呆的病理现已为人所知，其治疗药物也在研发中。尽管还做不到让人长命百岁，但随着大多数疾病可以被治愈或预防，人的寿命将比以往大幅延长。

转基因猪

长期以来，人们一直在研究是否有可能将动物器官用在人身上。猪的生物学特征与人类相似。目前相关的实验正在进行中，这项实验通过基因

○ Mark 2 通常指的是第二代或第二版的无绳电话，这种命名方式表明它是在最初型号之后的改进版本。原文写作时间是 20 世纪 90 年代初，当时指的是 20 世纪 80 年代或 90 年代早期的产品，那个时期无绳电话开始逐渐普及。——译者注

工程改造胚胎，从而培育出某种器官更像人而不像猪的转基因猪。未来的养猪场可能会与今天大不相同，替代器官或将实现按需供应。

水领域

如今人们可以通过基因工程改造农作物，从而让它们可以在劣质土壤甚至水中生长（尝起来并没有海藻的味道！）。有一项新的技术正在研发中，就是通过基因工程改造农作物，使其可以直接从空气而不是土壤中吸收氮，从而减少农作物对化肥的需求。如果成功的话，未来每个国家都可以种植出任何所需的食物。

酶催化剂

在许多化工生产过程中，微生物可以起到催化剂的作用。有些微生物甚至可以用于从之前经济价值不高的贫矿中提取矿物质。还有一些微生物可以通过培养来吞食和分解废弃物，甚至能在氰化物环境中生存。垃圾处理现在已经是化工行业的一部分，垃圾可以转化为甲烷，为解决能源问题贡献一分力量。我们还将看到带自清洁能力的船只，这种船只能够通过生物手段防止藤壶附着在船体上。

专家全科医生

所有医生都可以使用内置最新医学知识的电脑。这些医学专家系统不会取代医生，但会让每个医生都表现得更出色。有了这些医学专家系统，我们会减少对专科医生的需求，这样专科医生就能更加聚焦自己擅长的专科领域，成为更好的专科医生。这些"专家系统"将提高专业人士和专业技术人员的工作效率和工作质量，会在律师事务所、超市采购部门以及各行各业得到推广。

语音转文字电脑

语音转文字电脑能够把语音内容转换成文字，将来每个高管的办公桌上都会配有这样一台电脑，无论他们是否会用键盘，都可以成为自己的打字员。

辐照食品

只要我们能确定辐照是安全的，就可以不受时间地点的限制，在全球买到各种"新鲜"食品。未来会出现食欲抑制药物，专门提供给那些难以抵御美食诱惑的人，甚至会有健康补给食品，用以满足那些希望美食与健康两者兼得的用户。

电视导购

电视购物已经出现在一些试验场景中，将来会走入寻常百姓家。每个商家都会在你家的电视屏幕导购栏里打出商品和价格信息，对于不愿额外承担运费的用户还会有本地取件中心。在商业街的个人购物更是一种生活休闲活动而非生活必需，因为购物的目的是休闲娱乐，而不是为了履行某项任务。

智能卡[⊖]

这种卡已经在法国使用，它取代了现金、钥匙、信用卡、借记卡和现金卡。人们不仅可以通过这种智能卡开门回家或启动车辆，还可以通过这种卡自动更新所有的银行账户余额。

基因指纹

每个人的个人卡片上都将有自己的指纹。指纹信息难以复制，可以取代容易泄露的个人识别码。

基因指纹技术可以用来从犯罪现场遗留的生物检材中识别罪犯，也可用于诊断遗传病或潜在疾病。将来我们很可能会建成一个全国性的基因指纹数据库。

很快，他人就可以通过正确的号码或者指纹，获取我们对自己所了解的一切，甚至是我们尚未知晓的事情。很多人会问，我们将在隐私方面付出什么样的代价？

挡风玻璃导航

计算机自动导航屏幕将变得司空见惯，它会在挡风玻璃上投射前往目的地的最佳路线。这样你就像驾驶战斗机一样，不必把双眼从路面移开。这些系统会综合考虑天气状况、堵车路况和道路施工等因素，并给出最佳

⊖ 智能卡（Smart card），也称 IC 卡（集成电路卡）。法国的布尔公司于 1976 年首先创造出了 IC 卡产品，并将这项技术应用于金融、交通、医疗、身份证明等行业，它将微电子技术和计算机技术结合在一起，提高了人们工作和生活的现代化程度。——译者注

路线，不过有人怀疑这样整个国家可能会陷入持续的交通堵塞。

行车里程账单

城市的道路下面铺设了电缆，这些电缆可以触发车内的计费器，该计费器会根据城市的不同区域收取不同费用，并在月底给车主发送类似于话费清单的账单，显示车主在城市各个路段的道路使用费。

对于新技术，我们无疑会坦然接受。几乎没有人对自动取款机的出现大惊小怪。真正重要的并非技术本身，而是技术在潜移默化地对我们的生活产生深刻影响。微波炉的发明无疑是一项聪明的创举，但其发明者恐怕未曾预料到，它的普及会给人们的生活带来怎样的变化：食物的准备从厨房转移到日益自动化的工厂；烹饪从过去必需的家务，变成了生活的可选项，家庭的生活习惯也随之改变。在很多人眼中，餐桌已经过时了，因为每个家庭成员都可以根据自己的需要随时加热餐食。广告人将这一现状戏称为"自由进餐"。

这些发展究竟是利是弊，最终取决于我们的选择。技术本身是中立的，我们可以用它来丰富自己的生活，也可以让生活变得毫无意义。我们唯一要避免的就是假装一切都没改变，沉醉在美好的记忆中，仿佛时间按下了停止键。时间不会停滞不前，我们也不能自欺欺人。

颠覆性思维

面对非连续性变化，我们需要拥有一种非连续性的思维方式。如果新的事物与过去截然不同，而不仅仅是在原有基础上的改进，我们就需要以一种新的方式来看待一切。新的方式确实孕育着新的思想。非连续性的颠覆性思维从来不受那些捍卫传统和现状的保守人士的欢迎。哥白尼和伽利略是颠覆性思维的先驱者，但他们的努力付出在当时并没有得到认可。拉远历史的镜头来看，在过去100年里，真正有影响力的人物不是希特勒、丘吉尔、斯大林或戈尔巴乔夫，而是弗洛伊德、马克思和爱因斯坦。这些人物虽然没有改变具体的现实，却改变了我们的思想，而这恰恰改变了一切。尽管今天弗朗西斯·克里克（Francis Crick）的名字并非家喻户晓，但他与詹姆斯·沃森（James Watson）和莫里斯·威尔金斯（Maurice Wilkins）共同发现了遗传密码DNA，从而奠定了微生物学的基础，并催生了今天对我们的经济产生巨大影响的生物科技产业。

这些人充满创造力的颠覆性思维，正是本书创作的前提。以全新的方式看待熟悉的事物，可以释放新的能量，让一切皆有可能。颠覆性思维并不需要追求像爱因斯坦那样的伟大卓绝或者像马克思学说那般包罗万象，生活中就有很多熟悉的场景可以运用颠覆性思维。那些决定把生活点滴都当作学习机会的人会发现，烹饪可以是一门创意艺术，劈柴伐木可以是一项手艺，照顾孩子可以是一种教育体验，而购物则可以是一场社会学探险。此外，有些组织将员工视为资产，会维护、关爱并投资自己的员工，一些组织则将员工看作成本，竭尽所能随时随地削减人员，两类组织的行为表现有天壤之别。颠覆性思维只改变了我们的思维方式，并没有改变具体的事物，但这就足以改变一切。

本书提倡的是"三叶草组织""甜甜圈原理"以及"组合式理念"这样的新概念。这些新概念的创建并不是为了博读者一笑，而是为了给熟悉的事物赋予新形象。30年前，从事"组织"研究（现在已经转向"学习"领域）的美国作家唐纳德·舍恩（Donald Schon）⊖曾表示：创造力，特别是科学创造力，源自"概念置换"，也就是，在生活的某个领域提取概念，然后应用到别的领域，从而带来全新的洞察。爱因斯坦的相对论恰恰证明了这一点。这一思想同样可以运用在人类的其他活动领域，而且有过之而无不及。这些新的表达方式所呈现的新形象与新理论同样重要。确实，如果没有新形象，新理论可能就无法引起人们的关注。本书的大部分内容并不新颖，也不是第一次被提及，但很多内容在过去没有受到足够多的关注。

颠覆性思维会引导我们去思索那些看似不可能甚至荒谬的事情。如果哥白尼将整个太阳系颠倒重构仍然能够揭示真理，那么在这个非连续性时代，任何看似荒谬的想法都不应轻易摒弃。

- 颠覆性思维提醒我们，不应再拘泥于"员工"（employee）和"就业"（employment）的固有思维模式。毕竟这两个词在100年前才进入英文体系。如果将"工作"（work）定义为从事某项活动，其中有些会有报酬，那么每个人在有生之年几乎都是一名"工作者"（worker）。如果每个人在其当打之年都被看作一名"自由职业者"（self-employed），那么从法律和逻辑的角度来看，就不可能会失业。我们可能会陷入财务困境，但这种情况会得到改善。"退休"（retirement）和"失业"（unemployment）这两种状态只是相对于"就业"而存在的，随着人们的观念发生转变，"退休"和"失业"这两个词也将退出历史的舞台。

⊖ 唐纳德·舍恩（1930—1997）美国当代教育家、哲学家，美国"反思性教学"思想的重要倡导者。——译者注

- 颠覆性思维建议，如果能确保人人享有福利，那么领取福利就不会招人嫉恨。这并不意味着人们不需要工作，只是每个人在合理享受了最初的社会红利之后，随着收入提升将逐步偿还，回馈社会。

- 颠覆性思维会思考，是谁规定了大多数人每周的工作安排必须按照 5 天 40 个小时来划分呢？为什么不能根据需要，把每年总计 2000 小时的常规工作时间，划分成长短不一的工作时段呢？

- 颠覆性思维观察到，19 世纪的婚姻期限平均维持 15 年，而今天的婚姻期限也是 15 年。在 19 世纪，婚姻因伴侣去世而终结，现在则是因离婚而结束。是否应该像雇佣合同那样，给所有的婚恋关系都加上一个固定期限呢？

- 颠覆性思维会建议，要是把专家的报酬机制与他们的专业技能运用情况进行反向挂钩，可能效果会更好。目前，牙医是按照每次实际治疗收费的，这样他们肯定更有动机得出"牙齿需要治疗"的诊断结论。如果牙医的报酬是基于诊疗结果中的健康牙齿数量而不是检查出的坏牙数量，那么我们可能不需要那么多牙医，我们的牙齿也会更健康。同样，颠覆性思维也让我们注意到，英国的医疗卫生服务运营体系和回报机制实际上也是与"病患"数量正向挂钩的。我们应该质疑，为什么这种机制不能反过来。

- 颠覆性思维会建议，教育应该取消全国统一教程，而是在同一教育指导方针下为每个孩子提供个性化课程，不过家庭和学校之间还要签订正式合同。

- 颠覆性思维会质疑，对于每个人来说，是否多劳多得永远都是最合理的回报方式？或许在人生的某些阶段，应当用时间代替金钱作为回报。

- 颠覆性思维会思考，为什么通常情况下个人只能从事一份职业或一类工作？为什么不能同时从事三份职业，并随着年龄的增长从拼体力和精力逐步转化为发挥经验和智慧的角色？

- 颠覆性思维会思考，为什么工作助理一定要比总负责人或主管更年轻？为什么人到中年时不能再次接受培训，成为医生、教师、社会工作者和律师这些专业人士的兼职助理，让专业人士可以更加聚焦专业工作？

- 颠覆性思维会思考，为什么在大多数国家公路免费而铁路却收费很高？同时也会怀疑，情况是不是应该反过来，就像在意大利一样。

- 在组织中颠覆性思维观察到，权力必须从那些行使权力的人那里获得的，也就是，管理者从那些被管理的对象那里获得权威。甚至如今有些组织，其正式的考核体系已经完全颠倒，改由下属考核他们上级领导。

- 颠覆性思维指出，在不久的将来，就会有更多的人在组织之外工作，而不是受雇于组织。甚至现在，在某种程度上参与到组织交付产品或服务的所有人中，只有 1/4 直接受雇于组织。

- 颠覆性思维建议，根据员工的工作成果而不是工作时长来支付报酬可能更加合理，因为如果他们不在组织视线范围内或者人在组织之外，那么工作时长就无法衡量。

这一连串的想法还可以继续下去。它们乍看上去毫无可能，甚至是天方夜谭。但在一些人看来，其中很多想法已经具有实际可行性。本书将探讨其中的部分内容，而这些也是职场上新出现的非连续性变化所带来的。

这是一个充满全新想象的时代，即便有些大门关上了，也会有新的窗户打开。我们不必跌跌撞撞地走向未来，依依不舍地望着过去。何不潇洒地转过身来，积极面对已经改变的现实世界。毕竟。如果你想纵情向前，直面现实才更加安全。

然而有些人并不愿继续向前，对于他们来说，变化意味着放弃熟悉的一切去迎接未知的世界，即使熟悉的一切不尽如人意，而未知的世界可能更加美好，他们也宁愿抱残守缺。可悲的是，对于他们来说，非连续变化的时代意味着个人无法停滞不前，因为脚底的世界正在改变。相比那些社会的推动者和变革者，最为关键的是，他们必须理解世界发生了什么，必须认识到行动和改变势在必行，而且只有通过改变才可以学习和成长，尽管在这一过程中难免会经历痛苦。

本书尤其适合那些身处变化之中却全然不知或无意做出改变的读者。本书既不是面向未来领导者的教科书，也不是政治宣传册，而是探索未知国度的旅行指南，并在最后给旅行者提出了一些小小的建议。

然而，这只是我的个人观点。在一个非理性时代，任何确定性都难觅踪迹。旅行指南指导旅行者去发现那些人迹罕至并有待探索的国度。我的目的并不是为了说服每个人相信本书所有的预测都会发生，或者证明我的建议都是正确的。相反，我更关心的是能让读者真正意识到，周围的世界确实在改变，而且结果未知。尽管非理性时代乍看上去更像所有时代的终结，但恰恰这样的时代也是一个充满机遇的时代。

如果本书能帮助读者以不同的方式看待世界，如果它能偶尔给读者带来一种恍然大悟的感觉，让人们感叹，"哎呀，确实就是这样的"，或者如果人们开始"非理性"地思考，并试图按照他们认为合理的方式重塑自己的世界，那么我就心满意足了。

Chapter 2

THE NUMBERS

第二章
数字说明一切

数字是理解这些变化的关键所在，解释了为什么诸多事情无法保持现状。因为很多事情已经超越了不可逆转的临界点，只是我们大多数人没有注意到而已。这些与人口（包括就业人口、死亡人口和成年人口）统计相关的数字，看似索然无味，实则妙趣盎然。

新一代的少数群体

到 21 世纪初，在工业化国家中，将只有不到一半的劳动人口在组织中从事"正经"的全职工作。当我们开始觉得，正常情况下，人人都应该有一份"正经"工作时，全职工作者或者说是组织内部人士将成为新一代的少数群体。尽管每个国家都会有一些马克思所谓的"产业后备军"[⊖]，但全职工作者以外的人并非都处于失业状态。更多的人将成为自由职业者，而且这类人还会逐年增加。许多人会从事兼职或临时工作，有时这是他们的自主选择，有时则是就业市场给他们提供的唯一选择。此外还有一支无处不在、整装待命的"女性后备军"，经合组织[⊜]将她们准确地定义为"无薪家政工作者"，指的是那些在照顾家庭之外，还有余力可以发挥自己才能的母亲。这些不同的群体，其人口总量已经和那些从事全职"正经"工作的人数相差无几。

如果就业市场上只有不到一半的劳动人口从事全职工作，那么将全职工作看成常态就不合理了。连续性变化将会突如其来，变成为非连续性变化。在这种情况下，我们不得不转换视角来看待我们的"工作""岗位"以及"职业"。

这种变化源自三叶草组织的兴起。本书第四章会介绍三叶草组织。从本质上讲，这是一种以核心高管和核心人员为基础，并辅以外部承包商和兼职人员的组织形式。这种组织形式并非新生事物，大小建筑商早已如此运作多年，报社与其印刷工和特约记者的合作、农场主与合同收割工和季节工的合作也是如此。新的变化在于这种组织形式在大型企业和公共机构中也开始蓬勃发展。所有的组织很快都会变成三叶草组织。

⊖ 马克思所提到的"后备军"（Reserve Army），通常被称为"产业后备军"或"失业大军"，是他在资本主义经济理论中用来描述一个特定现象的术语。在马克思的理论中，产业后备军是指在资本主义生产体系中，资本家为了压低工资和增加利润，而有意保持一部分劳动人口处于失业或不完全就业状态。这个失业大军的存在使得资本家能够利用劳动力市场的供过于求，压低工人的工资水平，并在需要时迅速找到替代劳动力。这一现象有助于维持资本主义的剥削关系，并确保资本家的控制地位。——译者注

⊜ 经济合作与发展组织（OECD，简称经合组织）成立于 1961 年，是一个致力于推动全球经济增长和国际贸易的政府间组织，总部位于法国巴黎，其成员国包括 38 个国家。——译者注

这种组织形式得以蓬勃发展，原因在于这样更加经济实惠。各类组织已经意识到，将所有员工都置于组织内部、随时听命，虽然看似更加便利，但这相当于买断了他们的全部时间，实际上是一种奢侈的资源利用方式。将他们留在组织之外，让他们自立门户或通过专业承包商与他们合作，按需购买他们的服务，反倒更加划算。

当劳动力充足、企业有大量供应商可供选择时，采取这种组织形式不失为一种明智之举。同样，当工作量像服务行业那样存在波峰和波谷时，这也是一种明智的策略。制造业可以通过加大生产并储备产品以应对高峰期的需求，来将富余的人力和设备转化为优势。相比之下，服务行业却无法囤积客户，因此必须灵活安排用工。

如今，劳动力供给和潜在劳动人口增加这两个因素同时存在。随着20世纪60年代婴儿潮出生的人在20世纪90年代加入劳动力大军，所有工业化国家的劳动力供给以及潜在的劳动人口都在增长，例如英国就增加了大约100万人。与此同时，制造业向服务业转型已经遍地开花，势不可挡。1960～1985年，美国的服务业就业人数占就业者总人数的比重从56%上升至69%，而意大利则从33%飙升至55%。这是大势所趋，不可逆转。而且这两大因素相互促进、相互影响。不断壮大的服务业为女性提供了更多的就业机会，从而带动了更多的潜在劳动力，这反过来又推动了更多潜在的灵活就业方式。

很多人都没有注意到这种潜移默化的趋势。就像第一章中的温水煮青蛙一样，水温缓缓上升，以至于青蛙未采取任何行动，直到最后发现时已为时已晚。在不久的将来，全职工作者将成为劳动人口中的少数群体。我们认为理所应当的一系列假设，包括世界如何运转、如何征税、如何抚养家庭、如何规划生活以及如何管理企业，都将彻底发生改变。1948年通过的《世界人权宣言》曾保证人人都有工作，但这一承诺显然已经不合时宜。新一代的少数群体代表一种重要的非连续性变化。在每个工业化国家，这种变化都将影响下一代的每个家庭。

新一代的知识分子

第二个数字体现的又是另一种情况，但同样给我们敲响了警钟。麦肯锡阿姆斯特丹办公室 1986 年的一项研究显示，预计到 2000 年，欧洲 70%的工作需要脑力，而非体力。在美国，这个比率预计将达到 80%，这与大约 50 年前的情况完全相反。这的确是一种非连续性变化！

我们无法精确定义脑力劳动和体力劳动。首先，脑力劳动和体力劳动之间并没有明显界限。如今，即便是像园艺师这样的简单体力劳动，也需要一定的脑力技能来理解如何正确使用化肥和除草剂，如何区分植物品种，以及如何维护机械设备。尽管如此，如果我们参照第一章中列出的信息时代需要脑力技能的各行业，我们不难想象，70% 这个数字很有可能是低估了。

更具争议且令人担忧的是，麦肯锡估计，未来一半的脑力工作岗位将要求任职者具备高等教育或专业资格。如果这一预估大致正确，那就意味着当下约有 35% 的适龄人口应该接受高等教育或类似的培训，否则到 2000年，劳动力将无法具备足够的技能。麦肯锡的估计甚至可能偏保守，如果我们仅看新增岗位，目前预计其中 60% 的岗位是管理或专业职位，所有这些岗位都要求任职者是某种类型某种程度的毕业生。

尽管趋势如此，但英国目前接受高等教育的年轻人比例仅为 14%，虽然预计比例会升高，但这主要是因为青少年总数将减少。在欧洲其他国家，这一比例约为 20%，各国之间差异较小。以法国为例，36% 的学生通过了高中毕业考试，因此有资格进入大学，但几乎有一半的学生在第一学年结束时就会退学或被劝退。似乎只有在日本、美国、中国台湾和韩国，大学人数的规模看上去符合未来的社会需求。然而，在这些国家或地区中，相比参加高等教育的人数而言，人们更担心所谓高等教育的质量。

这些都是对未来社会所需教育水平的预估。如果这些预估部分属实，那不仅意味着我们将面临严重的技能短缺，更糟糕的是，我们可能都不具备相应的聪明才智，创建那些将来可能遭遇技能短缺的商业和机会！当然，这种非连续性变化是隐性的。如果我们从未拥有甚至从未憧憬过拥有这样的企业，那我们也不会因为与这样的企业失之交臂而感到惋惜。就像第一章的那只青蛙，死亡在不经意间慢慢发生。

消失的一代

20 世纪 90 年代，学校毕业的年轻人将减少近 1/4。乍看之下，这似乎预示着青年失业问题及时得到了妥善解决。然而，细看之下，情况却并非如此。这一变化意味着，那些拥有现代职场所需脑力技能的少数年轻人将面临更大的压力。尽管毕业人数少了，但总体上这批人跟 1986 年那一代没什么差别，没有在任一科目获得合格证书，就离开了学校。

1988 年，英国国家经济发展办公室和培训委员会（National Economic Development Office and the Training Commission，NEDOTC）发布了一份题为《年轻人和劳动力市场：90 年代的挑战》的报告。报告指出，1987 年，全英国 27 000 名拥有两个或两个以上 A 成绩的毕业生中，不到 20 家的大型雇主将其中一半纳入麾下。因此，"消失的一代"将逐渐成为一个社会问题。如果不加以应对，那就意味着本已短缺的脑力工作者将更加供不应求，而前文提到的技能短缺问题也将更加严重。人才的竞争将日趋激烈，受过良好教育的人将炙手可热，而教育程度较低的人则无人问津。青年失业问题不仅不会得到解决，反而可能会进一步恶化。

但是，如果这种局面能有效促进年轻人的能力培养建设，让他们可以更好地掌握现代社会所需的脑力技能，那对我们来说也是个机会。正如英国历届政府所发现的那样，就算不采取任何措施，随着人口基数下降，接受高等教育或者进一步深造的人口比例势必有所提高。如果采取更多举措，从比例上看，这一变化将更加显著，并能为未来树立明确的标杆。

这些标杆之所以重要，是因为我们必须借助标杆的力量来推动社会文化的转变。没有任何内在理由可以解释，为何在经合组织 16 岁以上青少年受教育程度的排名中英国位居 16，仅比葡萄牙和西班牙稍高。英国的青少年并非天资愚笨或难以教育，而是继承了英国的文化传统，这种传统认为，书本学习只适合少数人，真正的生活经历和财富体验应该尽早开始，手工能力和实用技能最好在工作中习得。过去，这种观念在欧洲普遍存在，并深刻影响了未来的发展。尽管在过去的工作世界中它可能行之有效，但在今天已经不再适用。

在经合组织 16 岁以上青少年受教育程度排名最高的日本，98% 的年轻人在 18 岁之前继续接受正规教育，尽管这种教育远谈不上有趣和实用。他们继承了另一种完全不同的文化传统，而这种传统恰好比英国以及欧洲其他大部分国家的传统更符合未来的需求。在美国，青少年也一直在校上学，但他们学到的东西是否真正有用，已经成为人们日益关切的问题。

毕竟信息社会是以信息为载体的，无论它们是以数字、文字、图像或声音的形式呈现，还是出现在屏幕、书籍、打印件或报告之中。因此，信息社会对每个劳动者的基本素质的要求就是能够阅读、理解信息，并将这些信息整合在一起，而不必在意这些信息涉及的具体内容。这是一项脑力技能，可以在课堂上传授，至少可以在课堂上得到培养。然而，大多数人都无法在年少时就迅速、轻松地掌握这项技能，需要通过多年的练习，而且最好是在成年初期就及时练习，而不是等到人至中年时，那时只会事倍功半。这种通用技能类似骑自行车，学会了便再也不会忘记，一旦掌握了这种技能，便可以继续在特定场景中加以运用。

正是因为人们坚信脑力技能具有广泛的适用性，并且可以在年轻时得到培养，所以像中国台湾、韩国、日本这样的国家和地区，特别重视年轻人的正规教育甚至学术教育。据说，在首尔，每两个人中就有一个曾在大学学习，或是正在大学求学、任教。而在 20 世纪 70 年代，时任新加坡贸易工业部部长的吴作栋先生⊖曾指出，新加坡需要"在德国和日本等国家进行产业结构调整时跟进它们的步伐。当它们从技能密集型向知识密集型转型时，我们要从劳动密集型向技能密集型转型"。为了实现这一目标，新加坡开始大幅增加大学的招生名额，并降低了入学要求。相比之下，英国为了保持领先地位，不得不紧随其后，而在此之前英国似乎还在反其道而行之。

尽管如此，就业机会依然存在，"消失的一代"让就业的门槛进一步降低。这项统计数据对于那些希望在信息时代重返职场或者迟迟未进入职场的人来说是个好消息。由于脑力技能合格的年轻人供不应求，雇主们将不得不从其他渠道寻找人才，特别是那些接受过早期义务教育却一直忙于照顾家庭的女性。过去，由于她们对工作的灵活性有更多的诉求，作为员

⊖ 吴作栋（1941 年至今），新加坡第二任总理，曾任新加坡贸工部部长、卫生部部长和国防部部长等职。——译者注

工来说不太方便，因此并没有受到雇主的过多青睐。但在 20 世纪 90 年代，她们成了雇主眼中的香饽饽。毕竟，她们占了大学新生总数的近一半（1987 年，美国大学新生中女性人数首次超过一半）。她们是一种被忽视的资源，而随着"消失的一代"造成的人才短缺，雇主们将无法再忽视这一资源。正如前面提到的 NEDOTC 报告所预测的那样，在未来 8 年内，英国新增的 90 万劳动力中，有 4/5 将是重返职场的女性。

在此之前，女性也曾重返劳动力市场。但进入 20 世纪 90 年代，她们的人数和对工作条件的期望将给职场带来显著的变化。这将导致组织运作方式的巨大转变，甚至会对家庭结构和生活方式产生深远的影响。这些问题将在后续章节中详细探讨。

第三年龄

1988 年，经合组织的社会事务部部长们齐聚一堂，共同探讨未来的情景：到时，每 5 个人中将有 1 人会领取养老金，而每 10 个人中就有 1 人年过 75 岁。届时，每位养老金领取者可能只有 3 名在职人员供养，养老金将占据国民收入的 1/5。对于瑞士和联邦德国来说，形势将更为严峻，每位养老金领取者背后可能只有 2 名在职人员。

虽然这种老龄化现象要到 2040 年才会全面显现，但那时将步入老年的人现在已经出生，除非他们迅速改变生育习惯，否则他们的子女数量将是可以预测的。少子老龄化的世界将会到来，而且在 20 世纪末之前就会开始。

过去也有老年人，但从未像现在这样多。我的四位祖父母中，我只见过一位，其他人早在我出生前就已作古。而我的子女长大时，他们的四位祖父母都健在，他们的后代几乎肯定还会与一两位曾祖父母共度时光。60多岁的退休人士，仍然为人子女。曾经罕见的事物，如今正逐渐成为常态，世界也必然随之改变。

在富裕国家，这种现象已经开始显现，死亡变得愈加难以降临。许多主要的死因要么消失了（比如天花或小儿麻痹症，可能以后也包括癌症），要么推迟几年或几十年（比如心脏病）。当然，自然环境的变化或者人类对自然的破坏可能会引发另一场瘟疫。有些人担心，艾滋病说不定就是那场灾难。但除此之外，如果不酗酒、不吸烟、不去玩命飙车，今天的年轻人似乎没有理由不能期望活到100岁。

问题在于，他们真的愿意活那么久吗？死亡曾被看作命运的安排，当死亡看似被无限期推迟时，是否会有越来越多的人愿意选择主动结束生命？安乐死在荷兰已经是半合法的，可能有更多的国家将接受这种方式。

更紧迫的问题是："他们将靠什么生活？""他们会怎么做？""谁来照顾他们？"

然而就像所有非连续性变化一样，这种现象既带来了问题，也带来了机遇。如果所有相关方都能运用一些颠覆性思维，或许能找到解决的办法。

举例来说，这些老人并不都会经济困难，越来越多的老年人将拥有自己的房产，只要他们不打算留给下一代（那时他们的子女可能已经处于职业生涯的中后期，拥有了自己的住房），就可以把房产盘活转化为年收入。他们中的大多数人会保持健康和活跃，仍然有工作能力，这也正是他们依然在世的原因。英国一项研究发现，65岁以上的老人有43%会定期帮助其他老人，25%会帮助残障人士，11%会帮助邻居。如果我们把这些无偿的活动也视为工作，那么这些人实际上只是在法律或技术意义上退休了而已。毕竟在19世纪根本没有退休的说法，人们一直工作到干不动为止。正如我曾经问一位老农，75 岁和 50 岁时干农活有什么区别，他告诉我说："干的都是一样的活，就是手脚没那么利落了！"经验和智慧往往可以弥补体力的不足。

如此多的老年人不容忽视，尤其是他们当中很多人早些年曾经肩负过责任，退休了也闲不下来。如果我们足够明智，就应该充分利用他们的才智，不需要他们全职全薪。因此，我们需要重新考虑哪些岗位可以发挥他们的智慧与经验，哪些工作可以在他们不必日常出勤的情况下完成。我们还应当调整养老金的税收政策，使老年人在兼职或远程工作时获得更合理的经济回报。很多老年人身体健康、精力充沛，能够自主安排各项活动，也充满了工作热情。我们不应让过去的条条框框束缚他们的手脚，而且需要改口不再称他们是退休人士。"退休"一词或许会像"仆人"一样，逐渐被淘汰。语言往往是社会变革的前兆，是工作中非连续性现象的一种外在体现，启发了我们的颠覆性思考。

语言的变革已经悄然发生。"第三年龄"或如法国人所说的"生活的年代"，已经成为一种常见说法。这标志着人们在经历了"第一年龄"阶段的学习和"第二年龄"阶段的工作之后会开启人生新的篇章。世界上已经有"第三年龄"大学，它是一个让人们交流技能与知识的平台。很快，人们就会更多地谈论"第三年龄"职业。毫无疑问，不久之后，在所有经合组织国家都会有"第三年龄"协会，最终会有"第三年龄"部长！正如我的子女亲切地称呼我们为"银发族"，如果我们愿意，也可以继续发光发热，而不是成为累赘。

如果新的语言真的预示着变化即将来临，那么"第三年龄"这一说法预示着，用不了多久，我们将会像谈论教育背景一样谈论人们的职业生涯。对于一位 65 岁、至少还有 15 年寿命的老人来说，问他："您在哪里工作过？"就如同问他："您在哪所学校上过学？"一样常见。对我父亲来说，这一切听起来可能都很陌生，他在退休两年后就撒手人寰，享年 74 岁。对他而言，根本就没有值得体验的"第三年龄"，"第二年龄"阶段的工作早已成为他的沉重负担。他一直坚守到最后一刻。

然而，对于我们这些后辈以及我们的孩子而言，这一切将会变得不同。这就是一种非连续性变化，只要我们能够预见这种变化趋势并做好准备，这种变化未必是件坏事。

我们的工作和生活方式正在发生一系列变化，实际上这些变化已经发生，并且可以用一个奇妙的公式来总结。当这个公式被展开时，我们就会意识到，在不知不觉中，我们所处的社会正在经历一场大规模的职场变革，我们的工作会演变成若干种模式。

具体来说，30 年前，当我加入一家跨国公司开启职业生涯时，我实际上签署了一份无形的契约，要求我在一生中工作 10 万个小时。虽然我当时并未意识到，但如果我和当时发达国家的其他人一样，预计每周工作 47 小时，包括有偿或无偿的加班，每年工作 47 周，持续 47 年（从 18 岁到 65 岁）。那我总计将工作 $47 \times 47 \times 47 = 103\,823$ 小时，或者说是大约 10 万个小时。

我的儿子和女儿现在才十几岁。作为下一代，他们的工作总时长预计将达到平均 5 万小时。对于他们这一代人，终身工作时间将减半。乍看上去这意味着他们每周的工作时间、每年的工作周数和工作年限也将减半。然而，数学并非如此简单。正如 4^3（64）的一半不等于 2^3（8）一样，47^3 的一半也不等于 23.5^3。其实结果挺奇怪的，47^3 的一半约等于 37^3，也就是 $37 \times 37 \times 37 = 50\,653$。

正是由于这种统计上的"障眼法"，我们才没有意识到这场巨大的非连续性变化。部分原因是这种变化才刚刚开始显现，直到下一代开始他们第二个阶段的职业生涯时，这种变化才会真正对他们产生影响。

然而世界并不会整齐划一地从 47^3 直接过渡到 37^3。这个时候我的子女将面临四种选择。

在第一种选择中，他们会追随父辈的脚步，寻找一份全职工作，或者至少是在组织核心或某个专业领域从事一系列全职工作。在这种情况下，他们的工作周时长将与我当初的相差无几。从统计上看，他们平均每周工作 45 小时。对于按小时计薪的员工，加班时间会少很多；对于办公室职员，周六上午的工作时间也会减少。他们每年的工作时长不会减少太多。由于年假较长，所以一年的工作时间会缩短至 45 周。

然而，他们的职业生涯长度将发生变化。要获得那些日益稀缺的核心岗位或专业工作，他们既要胜任这份工作也要具备丰富的经验。今天，在德国，6 ～ 7 年的大学课程再加上 18 个月的兵役或社区服务，使得年轻人初入职场的平均年龄为 27 岁。在美国，想要找一份理想的工作，那就得四年大学以后再获得研究生学位。这样一来，年轻人正常在 24 岁才会开始一份像样的工作。英国仍然保持三年制的学位课程（苏格兰除外）并且不用强制服役，但雇主们越来越倾向于要求应聘者具有更高的职业或专业资格，以及在假期或"间隔年"中获得的相关工作经验。毕竟，在医学、建筑和法律等传统行业中，长期的教育、经验积累和职业培训的结合早已成为常态，通常需要 7 年左右的时间。我们可以预见，这种趋势将蔓延至更多职业领域。结果就是，英国的父母们只能不断调整预期，可能子女只有等到 24 岁或 25 岁时，才会在全职工作中站稳脚跟。

在所有工业化国家中，合格的年轻人数量在减少，这可能会促使各个组织和各行各业缩短培训要求，以便从短缺的人才供给中获得最大收益。

为了达到这个目的，它们会以就业的名义资助他们学习。这更像是拿着丰厚奖学金在学习，而不是在工作。

因此，下一代的全职核心员工，不论是专业人士、管理者、技术人员还是熟练技工，预计都将更晚开启全职的职业生涯，并且会更早离开。这是关键所在，也是他们的第二种选择。核心员工将面临更艰巨且更短暂的职业生涯，更多人在 40 多岁或 50 出头的时候就会离开全职岗位。部分原因是他们不愿承受日益增加的工作压力，更主要的原因是有更多年轻、精力充沛且能力胜任的年轻人可以胜任这些核心工作。

的确，到 21 世纪初，随着 20 世纪 70 年代出生率下降的影响逐渐显现，每个国家的劳动人口总数将开始下降，平均年龄也会上升。然而，在全职员工数量减少的情况下，那些年轻、精力充沛且能力胜任的员工就更加珍贵，尤其是当这些素质结合在一起时，就能继续在职场竞争中占据优势。对于全职员工来说，未来的职业生涯将更短暂，竞争会更激励，而新一代的商业精英已经发现这一点。

这些变化的最终结果是一份全职工作平均缩短到 25 年，每年 45 周，每周 45 小时，总计 5 万小时。这些全职员工不会在 50 岁以后就停止工作，但工作的类型将会不同，而且也不是他们所熟悉的领域。他们会比其他非全职员工更早进入人生的"第三年龄"，毫无疑问生活会很富足，但仍然有 1/3 的人生需要度过。

这种情况已经发生。某位人事经理惊讶地发现，公司员工中只有 2% 的人在 62 岁法定退休年龄退休。他查看了 15 年前当时 47 岁的那批人，发现只有少数人在后续 15 年里继续留在公司。有些人换了新工作，有一两个人去世了，但大多数人在 50 多岁时选择提前退休或者是被劝退。他说："我们知道人们会提前离职，但直到我们开始统计时才意识到这个比例不小。"一家广告公司注意到，随着年龄增长，员工的创造力和精力都会下降，所以希望把员工控制在 50 岁以下。目前，税务部门还没有批准这家公司提出的 55 岁以下员工可申请全额养老金的计划，但他们确信，未来 10 年内退休年龄将降至 50 岁，正好赶上刚刚开始职业生涯的这代人。

当然，总会有一些精彩的例外。那些能够掌控自己职业的人，例如自由职业者、专业人士甚至国家元首，都会在客户和支持者的允许下，打破限制，逆势而行。而大多数全职员工将仍然服务于大型组织。这些组织会更挑剔地选择留下哪些员工，它们更青睐那些充满活力、紧跟潮流、积极投入工作且服从安排的员工。这些人中的大多数将处于三四十岁的黄金阶段，努力在几年内完成 5 万小时的工作。

然而，在组织中全职工作仅仅只是一种选择，如果情况如预期的那样，它将成为少数人的选择，甚至是一种精英路线。大多数人将不得不在组织外寻找自己的位置，成为自由职业者、兼职者或临时工，向组织出售他们的时间或服务。这将成为他们的第三种选择。

对于这些人来说，工作的时间模式将会有所不同。他们可能是以兼职的形式，每周工作 25 小时，每年工作 45 周；或是以临时工的身份，每周工作 45 小时，每年工作 25 周。无论哪种情况，他们都需要尽可能长时间地工作，如果可能的话，工作 45 年。因为他们无法通过养老金计划或其他方式积攒足够的储蓄以维持生活。所以他们适合一类特定组织，这类组织更看重临时员工的经验和可靠性，而不是年轻人的精力和自信。无论是临时工作还是兼职工作，最终的计算结果都是相同的：$25 \times 45 \times 45 \approx 50\ 000$ 小时。

因此，我们可能会看到名义上的退休年龄在两条不同的轨道上变化。

对于核心人员来说，未来 20 年内，退休年龄将逐渐下降到 50 岁左右。而对于大多数劳动者而言，退休年龄却会逐渐提高。对于这些人而言，"我在失去的 5 万小时里该做什么？我该靠什么生活？"这些问题不能推迟到"第三年龄"再去考虑，需要现在就得到解答。对于他们而言，未来并非遥远的明天，而是从昨天就已开始了。

我的子女还有第四种选择。他们可以全职工作 10 年，然后休息 10 年养家育儿，然后在 45 岁时重返职场，继续工作 10 年甚至 15 年。这就相当于 $45 \times 45 \times 25 \approx 50\,000$ 小时的带薪工作。传统上，一直都是女性选择这种方式，在过渡时期通过兼职的形式有了更多样化的职业选择，但可能会有越来越多的男性也选择这种方式，以此为契机丰富自己的生活方式，或者在家庭生活中发挥更大的作用。

重新回到全职岗位一直是个难题。随着 20 世纪 90 年代合格年轻人短缺问题的加剧，这种情况将得以改善。组织将转向另一个人才库，就是那些居家的高素质女性。但是为了吸引她们重返职场，组织必须在工作安排上更加灵活，更加意识到它们购买的是这些女性的才能，而非完全占用她们的时间。

数字背后的压力

这些数字只是用来表达一个观点，那就是工作世界正在不断变化，这种变化比我们所能察觉的更加剧烈，因为这些数字在一生中累积，会在不经意间让人措手不及。

没有人特别希望这些数字成为现实。它们并非政府政策或董事会决定的产物，而是人们对日益变化的外部环境做出的本能反应。如今，人们就这种变化的本质达成了共识，并且也明白这种变化已不可逆转。外部环境目前主要呈现以下特征。

脱离劳动密集型制造业

30年前，工业化国家中将近一半的工作者都在直接或间接地从事制造业的工作。再过30年，这一比例可能会下降到10%（在美国，这一比例已经是18%）。

在某种程度上，这是因为我们不得不将工厂（而非产品）转移到劳动力成本更低、更适合工厂生产的国家，甚至连日本都在日元升值的压力下被迫跟随同样的步伐。英国未能及时将工厂搬迁至新兴工业化国家，当这些国家建起类似的工厂时，英国就失去了竞争优势。撒切尔政府早年推动的英镑快速升值政策加速了这一进程，导致英国各地出现大量废弃的工厂。不过这种情况迟早都会发生。与那些难以战胜的对手竞争并非明智之举，更合理的策略应该是，通过将工厂（而非产品）出口，与这些国家相向而行。只要有先见之明，总是可以将非连续性变化转化为优势。

这种变化带来的结果不仅仅是工作岗位的减少，更重要的是组织形式的改变。传统劳动密集型制造业，通常依赖大量廉价劳动力以及等级分明的管理架构。工厂中有成百上千的员工，而且大多数是全职。这些全职员工的时间被企业买断，完全受企业支配，同时还要受工会的约束。

这种管理方式当时非常普遍，企业所需的人力物力都必须归自己所有，意思就是，如果你想控制它，就得拥有它。然而，结果最终证明，这种经验方式的成本非常高。日本人则采取了不同的策略。他们保留少数核心人员，结合大量的外包商，重金投资于机械设备，并培养足够的工人来操作这些设备。劳动密集型制造业的衰退，标志着大规模就业的终结，也推动人们重新定义工作。

向知识型组织转型

随着劳动密集型制造业的衰退，我们开始转向知识型组织。这些组织依靠知识和创造力而非单纯体力，来创造价值。在智能机器和计算机的辅助下，这些少而精的团队所创造的价值远超那些不用动脑的"人力资源"。制造业已经走上了这条道路，咨询、金融、保险、广告、新闻出版、电视、医疗、教育以及娱乐等更明显以知识为基础的知识型产业也在蓬勃发展。即使是农业和建筑业这些最古老的行业，也在用知识和智能机器取代体力劳动。

这种转变不仅带来了对不同类型人才的需求，还催生了新的组织形式。这些组织意识到，无法凭一己之力完成所有事情，因此需要构建一支由才华横溢、精力充沛的人组成的核心团队，同时也要寻求大量专家和辅助机构的支持。这些组织比它们的前辈更小、更年轻，结构更扁平，等级更少。这些我们将在后续章节中深入探讨，但最明显的变化体现在组织的数字上——内部的全职员工更加少而精，外部的合同工则越来越多。

向服务业转型

讽刺的是，富裕的社会反而滋生了依赖性。当你贫穷时，迫不得已只能自力更生，而一旦富裕起来，就更容易也更理所当然地会把自己不愿做或不能做的事交给别人代劳，无论是修葺屋顶还是打理院子，让别人代劳不仅更省事，还更经济。这种趋势愈演愈烈。通过他人之手，你不仅能穿上更好的衣服，还能腾出更多时间去做自己擅长的事。速食食品让烹饪变得轻而易举，打包式度假让人在休闲时也无须劳神费心。我们在各自的细分领域更加专业，而在其他方面则越发无能。就像那些依赖知识型员工的组织一样，我们将不擅长的事外包出去，由此催生了一批我们如今赖以为生的服务供应商。

社会的富裕催生出服务业，而服务业的发展反过来又促进了社会繁荣。打个不恰当的比喻，就好像人人都在给别人提供洗衣服务，从中赚得服务收入。或者以我的个人情况为例，似乎每个人都在参加别人组织的论坛，要么收费出席，要么付费参加。富裕不仅仅关乎个人的经济状况，更会影响个人的情绪和自信，因为对外部的依赖性会倒逼个人的行为。如果你想享有这些服务，就必须找到事情去做从而有钱为享受服务买单，因此人与人之间也在竞争中努力奋斗。这是一种自我实现的预言，只要相信社会会持续繁荣富裕，那人人都会为之奋斗。

所以，在社会的富裕下产生的服务业是一种短暂的产物，随时可能消失。关键在于它们衍生出一种不同的组织形式。因为这类组织本质上是短暂的，所以必须根据每次需求的变化灵活应对。因此，这些组织通常依赖少量核心人员，并大量雇用兼职者和临时工。许多服务业并非知识密集型行业，如零售、运输、清洁、餐饮和休闲等行业，这些行业的人员需求量大，通常对技能的要求较低。你会发现，那 30% 的劳动人口并不会出现在需要脑力技能的知识密集型组织中，而是充斥在由兼职者和临时工构成的服务业中。

正是这些服务行业的兴起，改变了欧洲和美国许多人的工作和生活，因为行业需求决定了组织形式。

这些转变是不可逆的。每个国家的富裕程度可能会有所波动，但劳动密集型制造业不会回流到欧洲、美国和日本。我们每个国家都应该继续推动知识型企业的发展，无论是制造产品还是提供服务。这类企业越发达，整个国家就越兴旺。服务业将随着本地经济的繁荣而波动起伏，但它不会消失。

如果这些转变不可逆，那么它们引发的工作模式的转变也不可逆，因此本章开头提到的数字也不可逆。经济环境的剧变可能会让事物的发展减速，但不会阻止它们继续发展。整个工作世界已经改变，我们需要注意这一点。

Chapter 3
THE THEORY

第三章
转动学习之轮

　　我希望本书已经表达得很清楚，那就是时代在变，我们也必须随之改变。诚然如此，但我们该如何做出改变呢？我在第一章写道，大多数人不喜欢改变，所以只有面对危机和非连续性变化时才被迫做出改变。当突然遇到新的事物或是被迫面临新的竞争时，我们才会迎接新的可能性，才会在自己身上发现未知的潜力。非连续性变化是一场绝佳的学习之旅，但前提是我们能顺利度过。

　　今年早些时候，我的女儿患上了一场原因不明的病毒性疾病。她今年才22岁，被疾病折磨得痛苦不堪，不得不在一年内放弃一切，包括工作、朋友以及学习，甚至放弃了电视娱乐。对于她来说，这场严重的意外变化令她深感沮丧。随着身体慢慢康复，有天晚上她参加了一场"感恩"见面会。她告诉我："如果当时他们要让我说什么，我会说，感谢这场疾病，它让我从中学到了很多东西。"我想补充一句，也让她变了很多。

但是我们并不一定迫于危机和灾难才愿意改变。我们可以自己主动求变。如我之前所言，如果变化与学习本质上相通，那么与学习相关的理论同样也适用于变化。那些终身学习者，就是那些能够驾驭变革、勇立潮头的弄潮儿，在他们眼中，日新月异的世界中充满了机遇而非破坏。他们最有可能成为非连续性时代的幸存者，他们同样也在热情拥抱并积极缔造那些新的方式、新的形式和新的理念。有人说，如果你力求改变，就应该尝试学习，或者更准确地说，如果你想掌控自身的改变，就要更严肃地对待学习。因此，本章介绍的是学习理论，这一理论与变化息息相关。

"学习理论？"某位医学教授听说我正在撰写这方面的内容后对此产生疑问，"我从未听说过这方面的东西。"我们的那些传道授业者，尤其是大学教授，往往对学习的基本原理一无所知，这确实颇具讽刺意味。这位教授从来没有听说过大卫·库伯（David Kolb）[⊖]。库伯首先让我确信，学习是一个循环过程，由一连串不同的活动组成，尽管我在本章中的表达方式与他有所不同。这位教授也没有听说过格雷戈里·贝特森（Gregory Bateson）[⊜]或克里斯·阿吉里斯（Chris Argyris）[⊝]和舍恩（Schon）。这几位学者让我明白，学习是一个双循环过程，首先要通过学习来解决特定问题，更重要的是养成学习习惯，学会遇到类似情况时知道应该如何处理，而第二个循环会改变我们的生活方式。这位教授也不知道行动派学习的无名英

⊖ 大卫·库伯（1939年至今），美国凯斯西楚大学知名教授，是社会心理学家、教育家，也是一位著名的体验式学习大师。——译者注

⊜ 格雷戈里·贝特森（1904—1980），是英国裔美籍人类学家、社会科学家和哲学家，以其在系统理论和赛博文化领域的贡献及其关于生态学、认知和交流的跨学科研究而闻名。——译者注

⊝ 克里斯·阿吉里斯（1923—2013），被誉为"当代管理理论大师"，组织学习理论的主要代表人物之一。——译者注

雄雷金纳德·瑞文斯（Reginald Revans）[○]。瑞文斯向我展示，最佳的学习方式是在现实生活中与活生生的人在一起解决实实在在的问题，而不是在教室里跟着那些"上知天文、下知地理"的老师们盲目学习。这位教授对其他人也闻所未闻。例如，约翰·杜威（John Dewey）[○]曾在多年前表示，学习是一场发现之旅，我们每个人都必须成为自己的发现者，这是别人无法代劳的；还有伊万·伊利奇（Ivan Illich）[○]，他认为，如果没有那些只关心填鸭式灌输却不懂得真正教学的学校，我们会表现得更出色。遗憾的是，这位医学教授对伯尔赫斯·弗雷德里克·斯金纳（Burrhus Frederic Skinner）^四的理论倒是有所耳闻，斯金纳认为学习就像训练，教学就是要把人培养出一种类似条件反射的能力。

几个世纪以来，人们对"学习"这件事本身已经产生了极大的兴趣，所以还有许多其他观点，我在此就不赘述了。这一章是我博采众长精选出来的内容，并加上了一些我自己赋予的形象和比喻。希望本章能把学习的原理解释清楚。

学习理论

老师站在全班同学面前说："现在学习这个"，同时在黑板上写下一个等式。然后我们把它记在笔记本上。三个月后，我们又把它写到试卷上。

○ 雷金纳德·瑞文斯（1907—2003），英国管理学家，因创立行动学习法（Action Learning）而闻名。——译者注
○ 约翰·杜威（1859—1952），美国哲学家、心理学家和教育改革家，以其对实用主义哲学和进步教育运动的重大贡献而著称。——译者注
○ 伊万·伊利奇（1926—2002），奥地利哲学家和社会批评家，以其对现代教育、医疗和社会制度的批判性著作而闻名，尤其是其著作《去学校化社会》。——译者注
四 伯尔赫斯·弗雷德里克·斯金纳（1904—1990），美国心理学家和行为主义学派的主要代表人物，他以对操作性条件反射理论的贡献和发明斯金纳箱而著称。——译者注

如果第二次写的和第一次一样，那我们就算学会了。我并没有夸张，这就是我对学习这一概念的早期认知。后来我意识到，我在学校就记住一点，那就是所有的问题都已经被别人解决，答案要么在课本上，要么在老师脑海中，除此以外一无所获。到现在我都对此记忆犹新。学习似乎就是把答案从他们那里复制到我身上。

这一切都与变化毫不相干，实际上与真正的学习也没有太大关系。我逐渐明白，真正的学习永远是在回答问题或解决问题。"我是谁？""这件事我该怎么办？"原因是什么？""这是怎么回事？""我如何才能实现这一雄心壮志？"问题可大可小，但如果我们自己提不出问题，就不需要答案，而别人提出的问题很快就会被我们抛之脑后。

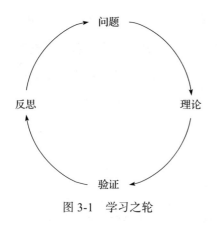

图 3-1　学习之轮

我意识到，最好把学习想象成一个轮子，如图 3-1 所示，由四个部分组成，代表学习的四个阶段，我称其为"学习之轮"。

我把它画成轮子的样子是为了强调，学习是个循环往复的过程。当一组问题得到及时解答、验证并反思后，就会引出另一组问题。这是一台人生特有的跑步机，如果从上面掉下来，人就会变得僵化腐朽，令人生厌。但问题是，对于我们大多数人而言，大部分时间轮子都没在转动，要么卡死，要么阻塞住了。

我坚信人类为学而生。你只要仔细观察下孩子，就会发现他们的学习之轮转得有多快。我们不禁要问，为什么随着年龄增长，我们大多数人的学习之轮都会慢下来呢？如果我们能对此进一步了解，就会更清楚为什么我们不愿做出改变，为什么只有等到危机和灾难来临时才被迫采取行动。因此，这章真正要探讨的是哪些内外部因素导致了我们自身的学习之轮受阻停滞。不过首先我们要对学习之轮做个简单介绍。

学习之轮

从逻辑上看，学习之轮始于某个具体问题、某个有待解决的难题、某种需要摆脱的两难困境、某个需要直面的挑战。如果这个问题不是由我们自己提出来的，那我们就不会把轮子推动到"反思"这个阶段，就不会把问题的答案内化到自身。我可能在学校里背诵了一首诗，第二天早上起来又进行了温习，但到了午饭时就忘光了。这种学习就是在响应别人提出的问题。如果这首诗偶尔在我内心产生共鸣，触及一些只可意会不可言传的人生困惑，或是启迪了一些人生奥秘，那这样的诗词将让我刻骨铭心。换句话说，这样的问题不一定是考试题，更多的是出于一种对人生的探求和寻觅。约翰·杜威说，学习就是一场发现之旅，但除非我们四处寻觅，否则与发现无缘。也许生活所需乃发明之母，而好奇心则是发现之母。

问题提出后，就要给出可行答案，这就到了学习之轮的"理论"阶段。理论这个词过于宏大，我只是用来强调，这个阶段是在调查种种可行性。我们可以大胆推测，也可以随意思考，可以对问题进行重构，也可以仔细寻找线索。我们可以打开一本参考手册，比如"厨师宝典"，从中找到独家秘方，然后在半小时内把一堆临时食材变出一份美味大餐，还可以尝试一些别的办法，比如求助好友、聘请教练甚至是发挥自己的想象。

但是，光有想法和理论是不够的。在学习之轮的"理论"阶段，一切都还飘在空中。正如我的子女过去常提醒我的那样："梦想给傻瓜插上翅膀。"理论必须在现实中加以检验，也就是进入学习之轮的"验证"阶段。有些理论行得通，有些则行不通。为什么我的酱料总是结块？只有搞清楚其背后的原因，也就是进入学习之轮最终的"反思"阶段，我们才能有所收获。当我们明白了变化为何发生时，变化才会持续下去。我常常邀请一些高管来分享他们的成功之道，结果只听到他们干巴巴地罗列个人成就，没有任何说明，也没有用理论进行诠释，更没有上升到哲学的高度。这样的人未曾有过改变，也不会有任何改变。他们没有从自己的成功中学到任何东西，也不太可能复制自己的成功。

但是，要推动学习之轮转起来并非易事。有些人的轮子从来就没转过。他们提不出任何问题，自然也不用寻求答案。你可以说他们无欲无求或乏味无趣，总之他们不愿意主动学习或改变。

有一些人总是停留在学习之轮的"问题"阶段。就像小孩一样，他们热衷于问各种问题：为什么？怎么样？什么时候？在哪里？只要得到答案，无论什么答案，他们都会心满意足，因为吸引他们的是提问本身，而不是答案。他们并不会学到什么，别人也难以从他们的提问中有所收获。他们是生活的检查员或审计官，无疑有他们的价值，但却令人厌烦。

然后就是"理论"阶段，有一类人专攻此道。他们是一群好为人师的伪学者，总是先抛出答案，然后再想当然地找到问题。这些人追求的是知识本身，他们勤于收集各种事实，上知天文，下知地理，但从更全面的角度来看，这些人其实只是掉书袋，所学甚少。我有个朋友能把每次谈话都变成一场百家讲坛。他博览群书、过目不忘，只要有人愿意当他的听众，他就非常乐意分享。最终我学会了如何与他愉悦相处，带着答案问他问题，每次他都让我如愿以偿。

也有人在"验证"阶段乐此不疲。他们是行动派或是实干家，顾不上什么理论或思考，对问题的第一反应就是撸起袖子加油干，拿起手边的工具先行动起来。他们相信一腔热血可以解决一切问题，如果刚开始行不通，那就不断尝试。通常情况下，这确实有效，但问题是，他们不知道问题背后的原因。他们的秘诀是"在这里敲一下，通常就好了"。如果没有事先思考或事后反思，即便顺利解决问题，也难以复制这个过程，或者在此基础上进行改进。这些实干家可以有效地解决问题，但很难将自己的秘诀给他人讲清楚，因为他们没有经历过学习之轮上的其他阶段。

最后，还有些人困在"反思"阶段。他们没完没了地对过去进行复盘，希望为既成事实的是非对错找到更合理的解释。他们是我们当中的专家，因为已经把学习之轮转了一圈，所以有所收获，但是他们就此停了下来。他们觉得吃一堑长一智，到了这个阶段已经都明白了，所以不需要再进一步深入了解。这些人忙忙碌碌，往往没有时间保持更多的好奇心。他们很早之前就形成了自己的想法，而且认为没有理由做出改变。如果我们认可他们，会称他们"有主见"，如果不认可，就会称他们"一根筋"。

很多时候，我们大部分人都无法遍历学习之轮的四个阶段。我这样表达是想强调真正的学习有多么困难，以及为什么由学习带来的那种刻意改变多么难能可贵。这种从切身经历和实际生活中收获的内容，才真正有助于我们做出改变。请不要把这种真正的学习与一般意义上的学习混为一谈。

- 学习不仅仅是为了知道答案。最佳的学习方式是学以致用、融会贯通，如果只是死记硬背，这样的学习是最无聊的，而条件反射式的学习则是最基本的。仅仅知道答案无助于改变或成长，因为学习之轮并没有转动。
- 学习不等于研究，也有别于培训。学习超越了这两者，体现的是一种心智模式、一种生活习惯、一种看待事物的思维方式以及一种个人的成长方式。

- 学习不是通过考试来衡量的。考试通常只是检验"理论"阶段的学习效果，真正的学习是通过对实践经验的积累和理解来衡量的。

- 学习不会自动发生，它需要投入精力、用心思考，也需要鼓足勇气并得到他人的支持。人们很容易放弃学习松懈下来，并寄希望于自己过往的经验，这就意味着放弃成长。

- 学习不是知识分子的专属。知识分子善于思考，但往往因缺乏好奇心和冒险精神而疏于行动，所以他们的人生经历会显得苍白无色。

- 学习不是为了发现别人已知的东西，而是为了达到我们自己的目的去解决我们自己的问题。我们在这个过程中不断提问、思考并验证，直到问题的答案融入我们的生活。

促进变化的润滑剂

我已经强调，学习之轮很难启动，也很难一直保持转动。在学习这件事上，我们大部分人在大多数时候并非一帆风顺，或多或少都会在不同的阶段停滞不前，只有危机或灾难才能推动我们继续前进。还好有些"润滑剂"可以让学习之旅更加轻松，它们也是"推动轻松变化的必要条件"。接下来我就会分别介绍这三种"润滑剂"，要是缺了它们，自我改变或是学习之旅就会寸步难行。

适当自私

这种自私是对自己负责。人们常说"爱邻如己"，但是似乎很少有人能做到自我肯定甚至自我欣赏，既然无法做到"爱己"，那对邻居来说"爱邻如己"也算不上什么好事。

遗憾的是，一个自我怀疑或者缺少积极自我评价的人是无法踏上学习之旅的。我并不是在倡导人们要自我迷恋，但是有足够证据显示，那些学得最好、收获最多且自我改变最轻松的人都兼具如下特质：

- 为自己以及自己的未来负责。
- 对自己向往的未来有清晰的认识。
- 希望确保自己实现目标。
- 相信自己有能力做到。

这看似简单，实则不易。若要展望未来，首先要对自己的未来充满信心。有的时候，我们每个人都难免会对自己的未来产生怀疑，在这种情绪下，学习与改变不可能发生。其次，我们要清楚希望自己有一个什么样的未来。理性且自私地说，未来应该与我们的才能相匹配，但有时我们对自己的才能缺乏认知。我们并不应该追求那种不切实际的未来，那只是在逃避现实。但现实究竟是什么，这或许值得我们探索和深思。

本章章末的练习是为了让读者专注在这些人生难题上。我们可能永远得不到正确答案。不过我们必须有自己的想法，否则就会在人生的起伏中随波逐流。同为经济学家和哲学家的弗雷德·赫希（Fred Hirsch）[⊖]描述

　　⊖ 弗雷德·赫希（1931—1978）是英国著名的经济学家，以其在社会经济学和政治经济学
　　　领域的贡献而闻名。——译者注

了一种在物质主义泛滥之下很多人都会遇到的情况。他认为，我们最终并不是因为"个人所需"而是为了"个人所欲"在拼命工作，为了在与身边人的攀比中不落下风而去追求那些彰显身份地位的"身外之物"。这是一场没有赢家的竞赛，因为与人攀比没有尽头，身边总会有更多更阔气的人出现。这是一种不经思考、盲目跟风的自私行为，没有做到自我尽责。

重构能力

第二类润滑剂或者说第二种必要条件特别适用于学习之轮的第二阶段。重构能力就是以不同视角去洞察和理解客观世界的能力，可以从侧面，也可以逆向。通过重构，我们会把客观世界中的事物、难题、状况以及具体的人置于另一个维度或另一种情境来思考，把它们当成机遇而不是问题，当成一些人生插曲而不是大难来临。

重构的重要性在于它给解决问题打开了思路，就像棋局对弈中的一手妙招，让整个局面焕然一新。它有时类似于横向思维，用擅长创意思维的右脑来弥补精于逻辑思考的左脑。

设想一个人的生活中没有"退休"一说，就是在对人生进行重构。把工作看成一年工作 2000 个小时，而不是 1 年工作 45 周，每周工作 5 天，就是在对工作进行重构，这样就会开启新的可能。例如，联邦制组织就是对分权组织的重构，给组织带来了深远影响。

在商务场合，大家一直都喜欢问："您从事什么行业？"你到底卖的是香烟，还是压力缓解器，是社交工具，还是成瘾药物？对产品的重构将对产品的品牌形象、销售方式和定价策略产生重要影响。

　　成功的企业家往往凭借直觉进行重构，把原本毫不相关的事物联系起来，把商业机会和市场需求结合在一起，从而获得成功。

　　我记得有一年因为前一年干旱，整个英国土豆短缺。我和一个朋友去买土豆，结果空手而归。几周后，他问我为了应对这个问题我做了什么。

　　我说："买了大米作为替代品，怎么了？"

　　他回答："我联系了一个印度熟人，买了1000吨土豆，以130英镑1吨的到岸价格运往英国，并以250英镑1吨的价格提前出售。"

　　"可是，珀西"，我一边说一边脑子里飞快地计算，"那是……"

　　"是的，"他打断了我，"不过别多想了，这事没成，印度那边没有给出口许可证。"

　　尽管如此，他差点儿通过重构赚了12万英镑，而我只是买了大米。

　　企业要不断进行业务重构，在这个过程中重新思考如何调整当前的业务组合，如何重新定义业务范围和目标市场，从而保证朝阳业务和夕阳业务能够此消彼长，整体业务保持持平。个人也需要这样审视自己的各项才能，要意识到某些能力在某种特定情况下可能是种劣势，但在另一种情况下可能是优势。就像玛丽意识到自身的问题，她只有在不用目视别人的情况下才可以自然地与人交谈，所以她天生就适合做电话销售。

　　有些人天生就是重构者，但我们大多数人都无法完全靠自己进行重构。所以他人的想法对我们总是有所帮助的。好友会为我们出谋划策，使我们重新思考目前面临的难题或状况。因为他们身处事外，会带来不同的想法。但是群体思维也很危险，因为一群志同道合者在一起，从来都是"英雄所见略同"，所以很难去对某种场景进行重构。

　　爱尔兰人有句脍炙人口的名言："未闻吾言，安知吾思？"（How do I know what I think until I hear what I say？）这句话让我成了爱尔兰教育的拥莨。苏格兰哲学家大卫·休谟（David Hume）⊖曾言："真理，源于朋友之间的辩论。"即使我们无法说服朋友，但如果我们在讨论碰撞的过程中找到新的视角，这往往也有利于自己以新的方式看待事物。

比喻和类比也有助于重构。本书第一章曾提到舍恩提出的"概念置换"理念，也就是尝试通过比喻或借用其他领域的表达方式对问题或困境进行描述，这一做法非常有助于创新。还有一些其他方式方法可以帮助我们拓展思维，其中一些非常有用的内容在爱德华·德·波诺⊖的著作中都有介绍。

我们都会囿于自己的过往经历，很难跳出自己的惯性思维来思考问题，但这种惯性思维无济于事，也带不来任何改变，这样肯定无法应对非连续性变化，我们必须习惯对既成事实多问"为什么会这样？"，并对任何可能重构的场景问"为什么不能这样呢？"这种方式非常有效。

例如，为什么女人在结婚时一定要随夫改姓？为什么她们不能保留自己的姓氏，或者夫妻双方都换个新的常见姓氏？为什么我们在结婚时海誓山盟，然后又打破誓言？为什么不能给结婚誓言加个更短期限，然后再定期更新？为什么很多房子最好的房间都在前面，可以俯瞰停车位？为什么不把所有的入口都安排在侧面？等等……

颠覆性思维和场景重构很大程度上是一种思维方式。如果想要在生活中能有收获并轻松改变，那就需要多多练习这种思维方式。

⊖ 大卫·休谟（1711—1776），苏格兰哲学家、历史学家和经济学家，以其对经验主义和怀疑论的贡献，以及对人类理解和道德哲学的深刻见解而著称。——译者注

⊖ 爱德华·德·波诺（Edward de Bono，1933—2021），马耳他裔英国心理学家，牛津大学心理学学士、剑桥大学医学博士，欧洲创新协会将他列为历史上对人类贡献最大的250人之一。——译者注

否定能力

1817 年，约翰·济慈（John Keats）[一]在书信中把"否定能力"定义为"一个人能够与不确定、神秘和怀疑共处"的能力。我延伸其含义：即使经历错误失败也不灰心丧气的能力。

学习和改变的过程从来不是一目了然、一马平川的。每当我们有所改变，就是向未知迈进了一小步。对未知的了解程度永远不足以让我们清晰把握最终结果。有时我们会跌倒犯错，误入歧途，但是千万不要被怀疑和错误打乱自己的阵脚，因为从失败中能够吸取教训。卡尔·波普尔（Karl Popper）[二]认为，无法证伪的科学理论毫无价值。如果理论永远正确，要么是同义重复毫无意义，要么就是废话连篇无关紧要。

成功的企业家基本上都是九败一胜。你听到的只有那些成功的故事，因为失败的经历被企业家们归结为了经验。石油公司钻井时都做好了"十井九空"的心理准备，犯错失败也是成功的必经之路。就像我的朋友和土豆的故事那样，如果不尝试，就不会成功，如果失败了，总有一天会有新的机会到来。否定能力是学习者必须培养的一种能力，这种能力能让人们从错误中吸取经验。它能帮助你从早期失败中站起来，之后再经历失败就不会那么痛苦。那些年少得志、一帆风顺的人，随着年龄的增长有时会变得畏首畏尾、踌躇不前，因为他们比其他人更惧怕失败。

我们正打算任命一位新教授，有位熟悉的人选尚待商榷，他才华横溢，在自己深耕的领域颇具权威，作为顾问也广受欢迎。那么为什么讨论他的

[一] 约翰·济慈（1795—1821），英国浪漫主义诗人，他以精美的诗歌和对美的执着追求而闻名。——译者注

[二] 卡尔·波普尔（1902—1994）是奥地利裔英国哲学家，他以科学哲学中的证伪理论和开放社会理论的贡献而闻名。——译者注

时候很多人言下之意都对他持有保留态度呢？有人一语中的："理查德缺乏一种合理的怀疑精神。"没有这种合理的怀疑精神，就不会有质疑，不会去学习，也不会做出刻意改变。对理查德来说，他非常看重确定性，但却无法理解否定能力。

我们总是告诫自己，要从自己的错误而不是从成功中学习，但或许我们并不确信这点。我们应该意识到，改变源于探索，而非重走旧路。我们只有带着不确定性和怀疑精神，带着有待解决的问题才会开启学习之旅。随着年龄的增长，我们会思考"自己要成为什么样的人"以及"未来要做什么"。无论对组织还是个人，生命如书，其中的内容有待我们谱写。如果我们无法接受不确定性，就不会去学习，那变化将永远出乎意料，令我们措手不及。

并不是每个人生来就具备这种否定能力，可以坦然面对不确定性、错误和失败。济慈抱怨塞缪尔·泰勒·柯勒律治（Samuel Taylor Coleridge）⊖缺乏这种能力，所以他的作品中少了些许深度和韵味。显然，拥有一种能够超越不确定性的信念将丰富我们的人生。对一些人来说，他们觉得生命之书已经提前写好，自己只是在往下翻页，另一些人则坚信至高无上的神存在。而我本人已经在 14 世纪英国圣妇诺里奇的朱利安（Julian of Norwich）⊖的至理名言中找到了慰藉与信念，"一切都会好起来，一切都会好起来"，她一遍又一遍地重复。尽管不知道一切将以何种方式好转起来，但坚信"一切都会好起来"这一点就让人更容易拥有"否定能力"。

⊖ 塞缪尔·泰勒·柯勒律治（1772—1834），英国浪漫主义诗人、评论家和哲学家，以其与威廉·华兹华斯合作的《抒情歌谣集》及其诗作《古舟子咏》和《忽必烈汗》而著称。——译者注

⊖ 诺里奇的朱利安（1343—1416），全名不详。她是中世纪英国神秘主义者，以其著作《神圣的启示》成为第一位已知的用英文撰写书籍的女性神学家。——译者注

阻碍变化的绊脚石

遗憾的是，由于种种原因，我们常常无法为学习之轮加入这三种润滑剂。适当自私、重构能力和否定能力都非常脆弱，阻碍它们要比培养它们容易得多。而且这种阻碍往往在不经意间发生，主要体现在以下几个方面。

"他们"综合征

玛丽正和军中服役的丈夫闹离婚。我问她，当她不得不搬出部队宿舍时，她打算住哪里。她说："他们还没告诉我呢。"

"他们是谁？"我问。

"他们又没告诉我他们是谁，我怎么知道？"她看我故意装傻，气冲冲地答道。

还有件事令人忍俊不禁。年轻时的我有一次在一家跨国公司的人事经理办公室外等候面谈，一位阅历丰富、上了年纪的资深顾问正好走过，他是个苏格兰人。

"小伙子，你在等什么呢？"他问我。

"我正等着看他们给我安排了哪些任务。"

"这样啊，小伙子，你得自我投资，别等着他们。记得要自我投资，要是你都不肯为自己投资，他们为什么要在你身上花心思呢？"

这番话当时对我来说不亚于当头棒喝。在那之前，我把一切都交给"他们"安排，从没有意识到我要负责自己的未来。既然自己的未来已经委托给人事部，那"他们"就会告诉我未来的路该怎么走。遗憾的是，"他们"很想知道为什么我对自己的个人发展如此不上心。除非我能自我投资，否则他们没有理由继续对我的未来进行投资。

有很多人把自己的未来和问题委托给神秘的"他们"。"他们"会为我们规划人生大计，就像在学校为我们制定课表一样。"他们"知道什么最好，而且肯定非常清楚自己在做什么。既然"他们"全权负责，那就都交给"他们"吧。类似的措辞和借口数不胜数。随着年龄的增长，人们逐渐意识到一个奇怪的事实，那就是，"他们"其实并不知道，就连财务部也不是万能的。"他们"总体跟你差不多，也是稀里糊涂摸着石头过河，而且对你也不是很感兴趣。

自我怀疑

学习始于自我的信念，这种信念对我们所有人来说都极其脆弱，且容易打破。在我入职那家大公司的职业生涯初期，我发现自己有张通行证，可以在马来西亚分公司的各个部门间自由走动。在走动过程中，我发现有些流程非常低效，就设计了一些更好的方案发给了运营经理，并等着他对我表示感谢。他派人喊我过去。

"你来这里多久了？"他问。

"6个月。"我说。

"你知道这家公司在这里成功开展业务多久了吗？"

"我估计大概50年了。"

"确实如此，准确地说是54年。你觉得你刚来6个月，就能比我们其他人还有过去54年间的前辈们了解得多吗？"

在接下来的3年里，我没有任何问题，也没有任何想法，更没有给出任何建议。回想起来，我的社交生活更加丰富了，但我却停止了学习，停止了成长，也停止了改变。

当时这番对话摧毁了我对自己的信心，因此我也更容易理解为什么失业者或刚被裁员的人缺乏动力，也提不上精神去转动学习之轮。他们只想把时钟拨回原点，再次拥有同样的工作。"工作"已经变成了男性自我认同中最关键的一部分，现在对许多女性来说也是如此，以至于人们一旦失去工作，哪怕并不是他们自己的过错，也会打破他们的自我认同、个人价值感和自尊自爱，这种自我怀疑至少会持续一段时间。

自我怀疑是有害的。为人谦虚且自我怀疑的人可能会提出问题，但他们不会追问答案或采取行动。他们会说，"其他人比我更需要或更值得拥有"。他们总是寻求站在队伍最后，即使那里站的是一堆人。他们会说，"约翰需要我的帮助""公司不能没有我""我的需求可以往后放"。这种无私的行为通常值得称赞，但个人的学习却往后推迟了。他人变成了我们缺乏自我责任感的借口。

自我怀疑者常常惧怕成功。成功会给他们带来更多的压力，要求他们承担更多责任并采取更多行动。对于有些人来说，失败更容易处理，尤其是如果他们就是奔着失败而去的。老师们注意到，尽管大卫是个很聪明的男生，但他在大考前几个月就不想学习了。老师尝试通过预计他会取得很好的成绩来哄他回去学习，也试图吓唬他，说这样下去考试成绩估计就不理想了，但都无济于事。大卫的成绩如他们所担心的那样一塌糊涂，但他自有一番说辞，因为自己没有好好准备。考试失败不是因为能力不行，仅仅是态度问题。他依然觉得自己是一个聪明的学生，这个自我认知一点没受影响。我们将其称为"归因理论"，这是一种逃避失败的方式，通过拒绝学习来保护自己脆弱的自我认同感。只有当他足够自信，能够坦然面对成功或失败时，他才会重新开始学习。

剥夺他人目标

适当且负责的自私一定与特定目的和目标相关。有了特定目标才会激发出能量，推动学习之轮转动。如果降低目标、替换目标，或者在最坏的情况下否认目标，我们就会失去所有学习或改变的动力。但是，如果要对自己适当自私，就要认识到，个人目标需要与集体、组织或社会的目标协调一致，也要与自己的需求和才能相匹配。而不当的自私只会设定一个不合理的目标，这个目标会与自己所属集体的利益发生冲突。

我们往往忍不住把自己的目标强加给别人，尤其是孩子或下属。社会试图把集体的优先权强加给每个人，这看似很吸引人。然而，如果我们的目标与社会的目标以及他人的目标不一致时，这一策略就会弄巧成拙。我们或许可以得偿所愿，但却没有办法让他人从中学有所获。他们或许不得不屈从，但却不会做出改变。我们把自己的目标强加给他人，却让他人放弃自己的目标，这相当于窃取了他人的人生目标。这种"强盗"模式极其有害，扼杀了他人的学习意愿。企业中的许多人意兴阑珊、浑浑噩噩，而那些失业者则冷漠无助、满眼颓废，往往是因为我们在计划中没有考虑他人的目的和目标所导致的。当人们失去目标时，就只能低头顺从，要么随波逐流，要么奋起反抗。

在一个开明的环境中，人们可以共同协商目标。第五章的"甜甜圈原理"允许组织为某个岗位定义核心工作内容并划清职责边界，但同时在核心任务和职责边界范围中间留有空间，让员工可以自主判断和自由发挥。人生中大部分时候都应该如此。负责任的自私知道核心任务和职责边界在哪里，同时也知道两者之间留出了空间可以自我发挥。如果脑筋僵化地把自由发挥的空间完全抹杀掉，那相当于扼杀了我们的学习动力。

缺乏宽容

我问一位美国人，他公司取得成功的秘诀是什么。他直直地看着我的双眼说："宽容。我们对他们委以重任，并且让他们承担重要职责。他们不可避免地会犯错误，但我们不能事无巨细地检查，也不愿意这样去做。他们会从中得到教训，我们也会原谅他们，这样他们就不会再犯同样的错误了。"

他的观念非常特别。很多组织用考核计划和机密文件来记录我们犯的错误以及造成的意外后果。它们以这种方式来惩罚我们，希望我们能从中受到启发，或者吓唬我们要表现得更好。这招儿也许管用一次，但是为了避免以后犯错，我们的步子就不会迈得太大，免得越界受到惩罚。然而，如果不去尝试，不去验证新的想法，那就意味着没有学习，没有改变。企业里面是这样，家庭里面可能也是这样。

越来越多的证据显示，如果你奖励人们的出色表现，无视或原谅不良行为，那出色的表现将不断涌现，不良行为会逐渐消失。由于人们担心课堂上会出现一些问题，所以引发了一项关于老师如何在课堂上表扬和批评的调研。结果表扬和批评的次数看上去差不多，唯一区别就是表扬都是与课业相关，而批评都是与行为相关。研究建议老师们只表扬不批评，而且既要表扬出色的课业表现，也要表扬良好的行为举止，同时忽略不良表现。这项建议的确产生了效果。短短几周，那些不守规矩的行为就几乎消失了。

与原谅别人相比，更难的是接纳自己。事实证明，这往往成为自我改变的真正阻碍。作为个体，我们需要接纳自己的过去，又要及时跟过去告别。企业通常通过改名来实现这一点，个人往往是通过搬家或离婚。其实我们大可不必如此折腾。我相信，剪贴本有很好的治愈效果，把过去的记忆和经历整理到剪贴本上，以一种温和的方式与过去和解，然后继续前进。

将理论付诸实践

如果我们想轻松而刻意地做出改变，那我们每个人都必须开始转动自己的学习之轮。适当自私、重构能力、否定能力，这些润滑剂会让整个学习与改变的过程更加轻松。

给自己创造个人空间，找到值得追求的人生目的和目标，提出值得探索的人生问题。觅得良师益友，体验不同世界，不畏犯错，无惧失败。

当然，这些道理知之非难，行之不易。以下练习有助于你做到知行合一。你可以亲自实践，并让伙伴或朋友帮你对结果进行仔细分析。

练习 1

在纸上画一条线来代表你从出生到死亡的一生，并在线上标记出你现在所处的人生位置。请略做思考，但不要想得太久。这只是一种抽象练习，并不精确。大多数人画的线与图 3-2 类似。在你继续阅读前，请先画出自己的线。

图 3-2　人生之线

实际上，这是一条随着时间上下波动的线。这些起伏代表着什么？它们会告诉你生活中真正重要的事情。你在哪里做了标记？标记的位置会告诉你，从比例上看，你自己觉得未来的人生道路还有多长，或许这正好是

"第三年龄"阶段的长度。这条线的走向是向上还是向下？答案会透露出你对未来的一些潜在想法。大多数人都会对自己的曲线感觉良好，并把它的走向往上画。

练习 2

写下即将刊登在你最喜欢的报纸或杂志上的你的讣告。假设这篇讣告由你的好友执笔，他对你非常了解，与你心灵相通。讣告不要超过 200 字。

人们发现这件事很难，但是如果你真的能写出来并展示给好友，则会非常有帮助。这件事的难处在于它要求你正视自己的死亡并把它看作真正会发生的事情。做到这点会让自己获得极大的释然，因为它可以让你更具体地去思考自己在现在与死亡之间的漫漫余生。

这个练习迫使你站在生命的终点回顾自己的一生，让你从一个全新的角度来审视当下自己的所作所为，思考哪些事情是值得被后人所记住的。这是非常个人化的一次重构练习。

练习 3

假设你找来 10 个朋友，让他们分别写下欣赏或佩服你身上的哪个亮点，针对每个亮点自己举两个例子，说明在过去哪些情况下体现了这个亮点，同时也设想一下这个亮点还可以在哪些情况下得以展现。最好还是请这 10 个朋友来帮你一起完成这项练习。

要是自己写的话很难做到客观，但是依然值得尝试。这项练习的关键在于强调自身的积极面，并设想还有哪些领域可以发挥自己的才能。在某种程度上，这项练习是在锻炼自我欣赏的能力。

练习4

现在你已经完成了以上3个练习。此时列出你希望在3年内完成的5件事。详细描述这些成就该如何衡量、如何体现，并写下在开始这几项任务前还要完成哪些实际工作。

这的确是在推动学习之轮并刻意做出改变。令人惊讶的是，当我们有了明确追求的目标时，做自己想做的事情就变得很简单。如果我们把改变看作一场学习之旅，是为自己而学，发自内心且能积极掌控，那这样的改变就轻松简单，令人兴奋且充满乐趣。

我越来越确信，热爱学习之人同样也热爱生活。对于他们来说，改变从来就不是问题，也算不上威胁，更像是一次令人激动的学习机会，不过这确实需要一种积极的心态。

今年早些时候，我们不得不从家里搬出去9个月，因为这段时间要对房子地基进行紧急维修。这次搬家非常麻烦。起初，我们想尽量省点心，就在隔壁的临时住所安顿下来。后来我们决定借此机会暂住到城市的另一个地方，体验一种完全不同的居家生活和社区环境，就像搬到国外一样。尽管更加麻烦，但现在我们把这次搬家称为刺激有趣的冒险之旅，有点像一场积极的学习之旅。坏事变好事，改变就是学习。

第二部分

工 作

——

Part 2

WORKING

"他才 55 岁，刚刚经历了 37 年来第一个没领到工资的月份。他整天闷闷不乐，这日子几乎没法过了。我已经想尽了一切办法。"一位中产阶层的妻子对我说。他们并不贫穷，因为他们已经提前退休，并提前领到了退休金，有自己的房子，子女也已经独立。他对之前的工作也没多大兴趣，实际上他也看不上之前那份工作，只不过是凭着一股男子汉大丈夫的劲头硬撑着。矛盾的是当他卸下这份工作时，却又开始怀疑自己的男子汉气概。

后来那天我又给另一位朋友打了通电话，也是 55 岁的同龄人。电话留言机响起他的声音："欢迎致电安德森合伙人公司，我是保罗·安德森。如需要联系我，请拨打 036484911。"我知道这些合伙人是他们夫妇俩以及他们那些经营着五花八门小企业的朋友，这些小企业有些能赚钱，但很多赚不到。我也清楚那个电话号码是他朋友们的一间钓鱼小屋的，夏天日子长，他就喜欢待在那里消磨时间。我听说他的太太自从子女长大成人后就开始成为自由职业记者，挣得比他还多，而他家的厨房就是办公室。我也明白，他们夫妇俩现在工作娱乐两不误，他再也不会回银行上班了。这部电话以及那些小服务企业可承接的大好机会已经彻底改变了他们的生活。

当天晚上，我的两个 20 岁出头的孩子带回一群朋友。他们的工作在我年轻的时候闻所未闻，例如小型影视公司的助理编导、快递员、流行音乐家、伦敦金融城的证券交易员。其中还有一直在路上的背包客和一路求学的年轻人，他们靠着打零工、补助金和福利中心偶尔发的支票过着相当不稳定的生活。他们没有人想长期保持这样的工作状态或生活方式。20 多岁是探索世界、寻找自我的年龄，而"职业发展"则是中年人的概念，是 20 世纪 70 年代的产物。金钱对他们固然重要，但是只要你真的想赚钱并且努力付出，钱总是可以挣到的，然而对于生活中的其他部分，金钱并非万能的。跟我当年比起来，他们更加无忧无虑，同时也更关心他人。他们不像我那样被工作束缚了手脚，但他们实际上工作起来往往更加投入。对他们来说，最重要的是对工作全情投入，而不是对公司忠心。

但那天早上，我在收音机里听到对一个年轻人的采访。他 16 岁离开学校，现在 23 岁，没有学历，没有资格证书，也不知道自己有什么本事。他从来没有工作过，但却觉得社会背叛和辜负了自己。因为他曾以为这个社会肯定会给他工作，让他有一份收入。现在他就浑浑噩噩地混着日子，没有什么雄心壮志，对未来也没有任何打算，还跟一个姑娘生了个孩子，两个人还没领证结婚。当被问及是否考虑过参加目前政府提供的培训课程或就业计划时，他说自己在这方面不擅长，而且这些只不过是政客用来降低失业人数的权宜之计而已。

这些似曾相识的故事在欧洲和美国随处可见。有些是幸福好运的佳话，有些则是沮丧甚至绝望的境遇。这些都与工作中的非连续性变化相关，有些人能适应变化，甚至为此欢呼雀跃，而有些人则迷茫失措、意志消沉。过去的 20 年，职场发生了翻天覆地的变化，而这种变化至少还要再持续 10 年。有些时候，整整有一代人似乎注定要为这种变化付出代价。第二章中的数字已经说明一切，变化是如此之大。而接下来本书第二部分的三章将描述并解释这些是什么样的变化。

Chapter 4

THE SHAMROCK ORGANIZATION

第四章
三叶草组织

由于组织正在改变自身的运作方式，因此与组织相关的整个工作环境也在发生变化。与此同时，组织也必须适应不断变化的工作环境。这是个鸡生蛋、蛋生鸡的问题。但至少有一点非常明确，无论是私营企业还是公共机构都面临着更严峻的外部环境。人们对组织的效能提出了更严苛的要求，而且组织可以逃避评判的保护性措施越来越少。这种状况描述既适用于各类商业机构，也同样适用于医院、学校和劳动保障局这样的公共机构。

在英国，至少有一点已经越来越明确，组织的首要职责是交付产品或服务，而不是成为民众的另一个替代社区，给所有人的人生意义和工作就业提供终身保障。组织也不是另一个国家部门，负责税收、发放养老金、雇用残障人士和弱势群体、执行隐性的收入政策或配合国家的汇率政策。这些以前雇用了大量员工的就业机构曾是政府政策传递工具中非常便利的部分，但因为它们雇用的全职员工人数占社会成年人口的比例越来越小，所以也变得不那么重要了。有人认为，组织的首要任务就是向客户提供优质的产品和服务，如果把这些组织当作民众的替代社区，这一想法实际上妨碍了组织完成其本职工作。最近，某位首席执行官向我大吐苦水："我们企业的社会责任目标让企业的成本增加了5%。"

这自然引出了一个重大问题。如果组织不再负责照顾民众，那应该谁来负责？本书第一章提出过这个问题，现在这个问题再次出现。不过，这一章重点研究的是组织将如何应对日益加剧并以结果为导向的外部压力，以及组织的运作方式和组织对人员的要求跟过去有哪些巨大差异。这些都是非连续性变化带来的影响，这种变化已经开始，无论结果是好是坏。

今天，不仅组织的交付结果比以往更重要，其交付方式也有巨大的改变空间。今天的组织更多的是以脑力劳动为主，而不是体力劳动。一项非常可靠的预测数据显示，未来70%的工作将需要脑力技能，而其中大约一半的工作会要求专业资质或大学学历。越来越多的组织是由高素质的脑力劳动者做高技术含量的事情，管理这批高素质人才必须得用更细腻的管理方式，这跟管理那些在工厂靠"双手"干活的体力劳动者可不一样。

新型组织出现的一大标志就是我们讨论它们时的用语有了明显的变化。过去，人们将组织视为巨大的工程机器，人员大多是可互换的"零件"。我们谈论它们的结构和系统、输入和输出、控制装置以及管理方式，似乎整个组织就像一家大型工厂。今天我们用的不再是工程术语，而是政治词汇。我们会谈到组织的文化和网络，用团队和联盟来进行描述，讲的是影响力或权力而不再提及控制，会用"领导力"而不是"管理"这一说法。就好像我们突然意识到组织毕竟是由一群鲜活的人组成的，而不仅仅是勤劳的"双手"或不知姓名的"在岗人员"。想想看，这真是一种惊人的非连续性变化。这一变化竟然已经悄无声息地发生，而我们大部分人都对此没有察觉。

关于组织的一些新的思考体现在几个方面。本章会讨论三叶草组织，在这种组织形式下，不同类型的工作及其从业者组成了新的联盟。第五章会介绍联邦制组织，这种组织形式和有趣的"甜甜圈原理"相得益彰。第六章会介绍智慧型组织及其对管理者职业生涯和个人生活产生的巨大影响。工作中的这些非连续性变化，最终会影响我们每周一早晨该做的事情。

三叶草理念

三叶草（shamrock）是爱尔兰的国家象征，这是一种小型的茎上长着三片叶子的植物。我在这里用三叶草作为组织的象征，是因为今天的组织是由三类不同的员工群体组成的，他们的期望不同、适用的管理方式不同，同时薪酬分配方式及组织方式也不同。本书已经简要介绍过它们之间的关键差异，现在需要用更多笔墨说明它们带来的影响。至少我们每个人都要想清楚自己归属于三叶草上的哪片叶子。

三叶草的第一片叶子代表核心人员，我更愿意称之为专业核心人员。在这部分人中，拥有相应资质的专业人士、技术人员和管理人员越来越多。这些人对于组织来说至关重要，他们掌握着组织的知识，正是这些宝贵的知识将组织与其对手区分开来。如果组织失去了他们，就相当于缺失了一部分，因此他们非常宝贵且难以替代。组织越来越多地用高薪待遇、额外福利以及德系豪车这些物质激励手段绑定这类员工。作为回报，组织也会要求他们勤勤恳恳、废寝忘食，对组织保持忠诚且能灵活适应工作安排。对于这些人来说，每年工作 45 周、每周工作 40 小时的情况根本不存在。

他们几乎没人能休满假期，也很少有人能在白天回到自己的住处或者与家人相伴。他们在组织的要求下奔赴各地、日理万机，也获得了越来越丰厚的物质回报。

因此，这部分人的成本非常高，进一步的结果就是他们的数量会越来越少。每个成功的组织都会告诉你，在过去10年里它们的营业额至少增加了3倍，但其专业核心人员却减少了一半。在1982年到1985年的3年内，美国通用电气公司将其40万员工削减了10万，但营业额却不降反升。离开的人大多是处理日常事务的白领员工，而不是工厂车间的一线工人。很显然这些人对组织不是必需品，他们就像昂贵的奢侈品，有，当然最好，但却可有可无。

在美国，人们把这种情况称为人员精简、缩编，或者干脆就叫重组。无论什么说法，结果都一样。1987年，世界大型企业联合会的一项研究显示，自1979年以来，美国已有超过百万的管理人员和专业人士失业，其中一半以上是1983年以来失业的。正如一位首席执行官所说：这些人里面很多是招进来读报告的，而另一些人是招进来写报告的。

如果核心团队变小了，那具体工作交给谁呢？目前比较流行的做法就是把工作外包出去。这些外包商和外部专业人士就是三叶草的第二片叶子。有些员工的工作对组织来讲无关紧要，那么为这些员工提供高薪待遇和额外福利终究不是明智之举。以前的管理理念讲究的是对所有员工"一视同仁"：原则上保洁员和公司董事享受同样的福利待遇，这意味着要么你的保洁员成本很高，要么你的董事们待遇太差。随着董事们待遇的提高，这种情况不得不改变，否则组织将会破产。因此，所有非核心业务，也就是那些可以交给其他人完成的工作，都要外包出去，交给更加专业的人去做，这样做合情合理。这些外部专业人士理论上应该能够以更高的性价比完成工作。制造业公司现在几乎清一色是组装公司，而许多服务型组织实际上扮演的是经纪公司的角色，它们在客户与供应商之间牵线搭桥，并为供需双方提供一些咨询建议。

有些组织曾做过测算，如果将它们的产品或服务完全拆解，80%的价值实际上是由组织外的人创造的。对于这些20/80型组织来说，业务外包已经习以为常，因此它们并没有意识到自己外包出去的业务量已经大到什么程度。直到最近，随着更多的独立专业人士、小微企业以及因管理层收购剥离出的公司纷纷涌现，人们才注意到这种已经长期存在的组织运作方式。这种运作方式也体现出一些国际特色。例如，精明的伦敦人现在可以通过新的通信技术把打字工作外包到中国台湾去做，速度一样但成本更低，而纽约的保险公司已经将它的新泽西理赔部设在爱尔兰的卡斯莱兰，那里的人不仅聪明能干，而且成本更低。

日本的出口型企业长期以来一直依靠庞大的合同分包商来提高运营效率。"及时交付"意味着分包商承担所有库存成本。"分包"意味着分包商承担任何延期交付带来的负担。这是组织将不确定性对外转移的一种方式。因此，日本在职员工中只有大约20%有终身雇佣保障，他们构成了大型组织的核心。他们是关键员工，地位特殊，在组织中受到优先待遇。

三叶草的第三片叶子是灵活就业人员，包括兼职人员和临时工，这些人是就业市场中增长最快的群体。这种增长在一定程度上是整个产业向服务业转型带来的，服务业不能像工厂那样囤积产品，有些企业试图让客户排队来应对这种情况，但在效率和成效上更具竞争力的企业总是尝试通过扩展和收缩它们的服务来提高服务弹性，以满足客户的需求。这意味着零售业的营业时间更长，同时也意味着客户的需求存在波峰波谷。现在，商店每周营业长达70小时。到了夏天，航空公司和机场会更加繁忙。园艺中心到了周末则生意兴隆。企业当然可以要求全职员工加班，或是聘用足够多的全职员工来应对高峰期的需求，然后在其他时间将他们解雇。在过去几年，这两种方式都派上了用场，因为很方便，管理起来也很容易。但在今天，考虑到全职核心人员的薪酬待遇在不断提高，这样一来人员成本会是个天文数字。另外找兼职人员帮忙处理额外工作，或者找临时工来应对高峰期的需求，目前看来，尽管麻烦了一些，但成本却低很多。管理的便利性与企业的经济性两相权衡，经济性占了上风。

非连续性变化

三叶草形式的从业群体一直处于萌芽状态，今天的不同之处在于其人员规模。现在每片叶子都至关重要，这也是形势所迫。20 世纪 70 年代末和 80 年代初的经济不景气迫使组织大幅削减人力，其中大多数当时仍然是全职员工。换句话说，由于担心经济危机发生，组织被迫对核心团队进行"瘦身"。当经济好转时，管理者们不愿重蹈覆辙，他们没有扩大核心团队，而是转向另外两片叶子。

这从经济性上来看很划算，但也对组织的管理提出更高的挑战。现在不像过去只有一类人员，组织需要管理三类人员。而这三类人员的组织忠诚度、契约方式以及自身期望都不相同，必须以不同的方式进行管理。

核心人员

组织的核心将越来越多地由相当高素质的人才组成，包括专业人士、技术人员或管理人员。他们大多从工作中获得身份认同并实现个人追求。

他们本身就是组织不可或缺的一部分，很可能既忠于组织又依赖于组织。他们会勤勤恳恳、加班加点地工作，作为回报，他们希望不仅当前获得合理的报酬，而且未来也有一定保障。他们考虑的是职业生涯、个人晋升以及对未来的投资。因此，不能对这些人指手画脚。他们是新型专业人士，希望自己的名字与他们在组织中承担的角色一样为人所熟知，他们希望主动承担工作而非被动执行，他们在某种意义上把自己看成企业的合伙人，希望被视为同事而不是下属。

越来越多的组织核心正在变得与咨询公司、广告公司以及专业合伙人机构类似。这些组织架构扁平，很少超过四个层级，最高层由合伙人、教授或董事组成。如果你表现出色，很快就会晋升（任何有能力的人都希望在40岁之前成为合伙人）。因此，晋升作为一种对员工的奖励和认可机制，很快就派不上用场了。对于那些高层人士而言，成功就只能意味着把同样的工作做得更好，或者能有更高的收入。因此，这个层级的员工大部分收入是与组织业绩挂钩的。尽管他们在法律意义上还算不上组织的"合伙人"，但实际已经是了。在日本企业，核心人员总薪酬的40%往往与绩效挂钩。所有的顶级商业精英都是如此，这种薪酬分配方式很快也会普及到组织核心中的大部分人，这是大势所趋。

在这个非连续性时代，没有任何组织能够保证明年的收入一定是以今年的涨薪结果为基准。今年的收入必然有一部分取决于今年的业绩，而明年的收入与明年的业绩挂钩。过去很多英国企业每5年就要进行一次人员精简，以此降低劳动力成本，并抵消每年全员涨薪所带来的棘轮效应[⊖]，但随着企业核心缩小，这种做法就不可行了。因此，经济必要性会倒逼更多

⊖ 棘轮效应是指人的习惯形成之后有不可逆性，由俭入奢易，由奢入俭难。——译者注

的企业重新思考如何回报组织的高级核心人员，在此过程中把他们从打工人变成合伙人，从上下级关系变成同事伙伴关系，从组织里某个岗位上的负责人变成有名有姓的组织代表。

外包人员

这类人员由外包人士和外包公司构成。这些公司通常比那些大型组织规模要小，但它们也有自己的三叶草结构，以及自己的核心人员和分包商。这是个层层分包的世界。这些外包人士可能是从事自由职业的专业人士或技术人员，其中许多人从前是各中央组织的前员工。他们要么就是在组织核心中失去了自己的一席之地，要么就是喜欢自己出来单干，因为这样更自由。

但是不管是外包给公司还是个人，都是基于同样的组织原则，按成果付费而不是按时间计酬，以费用而非工资形式支付。这种模式带来的影响非常重要，意味着中央组织只能通过指定交付结果而不是监督交付方式来对外包商进行控制。虽然这听起来简单明了，但却带来一场管理革命，因为这有别于大多数管理者所习惯的管理方式。以前的管理金句是"控制手段和方法，结果自然如期而至"，或者"只要他们做了他们应该做的，你就会得到你想要的"。当然，如果采购方要对交付结果提出适当的验收规定，那确实要对外包商提出的交付方式进行一些调研。但作为采购方，最终只能选择接受或拒绝相应的产品或服务。

分包管理在某些行业已经为人熟知，特别是在工程建筑和消费品制造行业，但在其他行业大家就不是那么熟悉了，需要进一步加深了解。

有家公司的一名内部顾问决定自立门户，该公司与他商谈能否采购他一半的工作量。他曾经是这家公司的公关顾问，但是公司觉得这个岗位很难负担一名全职员工。公司其实是想购买他一半的时间，但实际说出来的是购买他一半的工作量。因为他目前在自己的办公室工作，所以公司无法控制他的时间，而且也没有尝试明确希望得到什么样的交付结果。公司觉得他这样很难管理，他也觉得自己不受赏识。双方还是终止了合同，而公司则聘请了另一名全职顾问。我们经常发现，管理某人的时间比管理其工作结果更容易，但是外包合作就没有这么多奢侈可言。

与外包商的合作，既有挑战也有机遇。比如按结果收费，就让无聊的工作变得更容易忍受。组织中的很多工作其实都很无聊，这一点我们就不用自欺欺人了。我还记得当我还是个年轻学生时，自己如何用一台手动印刷机印刷圣诞贺卡和文具来赚取外快。拿一张卡片纸放到印刷机上，按下手柄，取出卡片纸，放到一沓已完成的卡片上。在一个小时内重复操作500次，我敢向任何人保证，没有什么事比这个更单调乏味。如果我是领工资做这件事，我肯定会找理由打破这种枯燥重复的作业方式。即使我撂挑子罢工，当然这肯定会失败，至少也是一种改变。但是因为每印一张卡片我就多挣几分钱，所以我觉得这种工作方式还不错，基本可以接受。我的付出立即可见，而且马上得到回报。

明智的三叶草组织会把枯燥无聊的工作外包出去，为结果付费。这其实就是新的计件制，但是比以前更有效。因为以前的计件制只不过是拿来替换工资制，其效果如何令人怀疑。现在有了更好的设备，计件工作也更容易忍受。目前只要一个人，无论男女，再配备一台好设备，单枪匹马就能完成以前整个团队的工作量。这样一来回报就与个人的付出成正比。换到今天，我用的印刷机可能已经是自动化的，不再那么单调，但质量却更好。

不过组织可能面临一种诱惑，会忍不住利用自身的垄断优势以最低的费用榨取外包商最大的成果。难处就在于要抵御这种诱惑并为优质的交付成果支付合理的费用。三叶草组织必须牢记，在外包模式下，企业是为结果买单，外包商是拿钱干活。外包商对组织没有多少忠诚可言，因为就算它们对组织言听计从，将来也得不到什么隐性保障。从长远来看，还是一分价钱一分货，好的工作必须得到好的回报，否则没有人会好好干。在外包模式下，很多事情都在合同上写得更加清楚，从许多方面来看这种模式也更健康。

灵活就业人员

三叶草的第三片叶子很容易被看作是组织花钱找来帮忙的"支援部门"，组织对这类人员没有什么太高的期待，也很少有什么付出。说得直白一些，这些人就属于所谓的劳动力市场，雇主们在这里可以随心所欲，花很少的钱找到想要的人。这其实是一种很短视的观念。这些人并不都是一心渴望从事核心工作。他们做着一些边缘工作，靠着兼职勉强维持生计，直到更好的机会出现。他们中的很多人都是女性，她们并不总是想要高强度的全职工作，但是她们确实需要一些收入，跟人保持接触，或者希望多干一份兼职来补充和配合自己的其他工作。许多人会公开表示自己干着两份或多份兼职，因此更适合称他们为兼任"一组工作"的全职自由职业者。这里面有些是年轻人，他们把工作看作一系列当学徒学手艺的经历，或者当作赚零花钱的机会。

这些人应该认真对待，因为对他们来说，兼职或临时工作只是一种选择而非必需。如果需要的话，他们有可培养的能力，有奉献的承诺，有聪明才智和精力。他们并不一定追求职业发展或个人晋升，他们有工作以外的兴趣和关心的事情，因此就不像组织里的核心人员那样容易被同样的方式激励。他们会全情投入到具体的工作和团队之中，而不是忠于某项事业或某个组织。

如果把这些人当作临时工对待，那他们也就敷衍了事。某家百货公司会在周五和周六雇用兼职人员来帮忙，结果发现公司最为推崇的"竭诚服务、礼貌待客"的优良传统明显受到了影响。公司既没有投入足够的时间来培训这些新员工，也没有向这些新人传授正确的工作方式，因为在公司看来，它们无法保证这些人会长期在公司工作，通过改善行为举止和工作质量来偿还公司的投资。这种期望成真的做法真是糟糕透了。

组织必须适应这样一种观念：即便有岗位空缺，也并非人人都想一直为它们长期服务。对待核心人员和灵活就业人员的方式肯定不一样，因为有些人可能会追求终身稳定的全职工作，但有些人却不一定这么想。新的工作模式已经开始深入人心。

如果组织把这些灵活就业人员当作组织中有价值的一部分，那就要准备好对他们进行投资，包括提供培训，甚至通过培训帮他们获得职业资质，同时也给予他们一些地位和特殊福利（包括带薪假和病假）。只有这样，组织才能在有需要的时候找到符合自己标准的临时或兼职人员。

然而，这些灵活就业人员永远不会像组织核心人员那样忠心耿耿或是雄心满满。他们想要的就是良好的收入待遇、公平公正的对待以及和睦相处的同事。他们干的是一份工作而非一番事业，因为他们享受不到组织成功带来的收益，所以不能指望他们能为组织的成功欢欣鼓舞，他们也不会出于对工作的热爱而竭尽全力。在他们的文化里，多干一份活理应多得一份钱。既然他们是合同工，那合同本身应该公平且必须遵守。

第四片叶子？

还有一种形式的外包值得一提，那就是让客户承担工作，这种做法正日益普及。但是由于组织并没有向客户付费，所以这第四片叶子还不能算是三叶草的正式结构（确实也没有哪个三叶草有四片叶子），但这种情况的确真实存在。

现在我们都是自己从货架上取货，而在我父母的时代有店员为他们做这件事。我们的私家车已经取代了送货车。家具厂商让我们相信最好还是自己动手安装厨具。银行早就发现，如果能让客户自己填写存款单，那它们（银行而不是客户）就能省下数百万。现在我们从银行"墙洞"里的自动取款机自己取钱，还号称是"为了我们方便"。我们自己给车加油，还自己打印地铁车票。

或许有一天，有些精明的餐厅会向顾客收费让他们自己做饭，而现在还只是快餐店会要求顾客自己收拾餐盘，或者最好打包带走，自己找地方用餐。服装店的"随意试穿"、超市里的"自选区"、药店和烟酒店都巧妙地打着"尊重用户偏好"的名义来节省人力。

更精明的做法是在某项服务取消后，再将其作为可选的附加服务二次收费。比如专门送货、特殊安装，或者像熟食店提供的一些过去我父母认为天经地义的服务，现在都需要额外付费。所有这一切都是在节省三叶草核心部分的人力，然后再将其作为外包的一部分重新加进来。真聪明。

幕间休息

现在让我暂停一下。有人可能会想：我觉得你说的有道理，但今天这些真的发生了吗？正如一位管理人员上个月问我："你所说的那些干着自由职业的知识工作者都是谁啊？我每天早上 8 点 10 分上班，从来没看到过你说的这些人。"我说，你当然看不到，他们不用跟你一样赶班车，他们有自己的电脑和电话。有时我们太过沉浸在自己的环境中，以至于忘记看看外面的世界。

不久前，我就遇到了这种自我沉醉的情况。当我需要整理思绪写作时，我就会前往东安格利亚的一所乡间小屋，周围看不到一所房子。那里除了四季更迭，什么都不会变化，这样我就可以安居一隅，不受打扰。小屋前面的农场是查理和吉姆的，两个人现在已经 80 多岁了。他们仍然自己拔甜菜喂牛，用镰刀砍菜叶，就跟 100 年前一样。我在写作的时候，吉姆正好路过。

"到这儿来度假是吧？"他说。

"不，我在忙工作呢。"我指着自己的稿子说。

"不就是随便写写画画嘛，"他温和地笑着说，"算哪门子工作。"

我想了一下倒也是，这些面朝黄土背朝天的劳动者从来看不上那些十指不沾泥的知识工作者，而且也不认识几个这样的人。但他们说这条道上半数的小屋现在都被记者包下来了。甚至这里的情况可能也在发生变化。我又想起来，直到两年前，吉姆还在用镰刀清理水沟。而现在，年轻的斯蒂芬给吉姆提供收费服务。他开着两万英镑的卡特彼勒挖掘机，戴着耳罩，里面塞着耳机，一边听着音乐一边干着外包工作！真是个熟练的外包工。斯蒂芬自己是做修理的，正打算同时做点儿零配件生意。

查理抱怨农场卖不出好价格。这里原是一片沼泽地，上面种不了太多东西，"我猜有一天它会变回沼泽"，他说。然而隔壁的那块地，40 年前就卖了出去，作为绅士们的野外打猎场，现在是英国乃至欧洲最大的针叶树和植物种植园，这些植物只需要一两英寸的湿土就可以生长。讽刺的是，这200英亩土地上雇了200人，而吉姆和查理却没有找任何人来帮忙。这200人都是专业人士，至少很懂这些植物及其栽培方式。他们的做法与英国制造企业如出一辙，以产品研发为基础，打造出知识密集型的高附加值产品。在休闲市场上，这也印证了乔纳森·格尔舒尼（Jonathan Gershuny）[⊖]的观点：一人之余兴，乃他人之生计。"那哪儿是在种田，"吉姆说，"那是在搞园艺。"我的确更愿意看到一大片成熟的玉米田，而不是一排排的小针叶树，但怀旧却不会让你致富。

我讲这个小故事是为了说明一点。我们必须用全新的眼光来看待周围的世界，否则往往会对那些显而易见的事情视而不见。在英格兰的乡村一隅，在这个我以为什么都不会变的地方，没想到也有知识工作者、重金投入的合同承包商，也在向知识密集型的产业转型。睁大你的双眼，你就会看到这些！

远程办公

英国的 F 国际（F International）是一家数字化三叶草公司。弗朗西斯·金斯曼（Francis Kinsman）[⊜]在他的著作《远程工作者》中对这家公司有很好的描述。1962 年，斯蒂芬妮（史蒂夫）·雪莉（Stephanie（Steve）

⊖ 乔纳森·格尔舒尼，牛津大学时间使用研究中心主任，著名的社会学家，以研究时间使用、工作模式和社会变迁而闻名。——译者注
⊜ 弗朗西斯·金斯曼，英国作家，主要研究远程办公、社会未来趋势以及技术对工作和生活方式的影响。——译者注

Shirley）[○]创办了一家名为"自由职业程序员"的小公司，由她自己在家经营，为企业客户编写计算机程序。1964 年，它更名为 F 国际，有 4 名员工，1988 年，它发展成 F 国际集团（F.I.Group plc），有 1100 名员工，年营业额近 2000 万英镑。

F 国际的特别之处在于，70% 的员工都在家里或者公司当地的办公中心工作，同时 90% 以上是女性。F 国际认为，自己公司的员工绩效比其他公司高出 30%，因为在其他公司，茶歇、午餐、闲聊八卦以及私人电话往往会打断工作，占用工作时间。

这些女性大多是自由职业者，但只要保证能为公司投入足够多时间，也可以兼职甚至全职。1988 年，F 国际全职领薪的员工不到 200 人。公司总部有少数核心人员，同时有几处小型办事处，最近总部也在扩大公司的办公中心网络，如果需要与同事会面或使用更专业的设备，员工就可以去那里。这些员工通过电子邮件、公司简报，或是参与自由对话与组织保持联系。自由对话指的是公司核心高管在全国各地举行的公开问答研讨会。

F 国际的女员工以及少数男员工，围绕着公司核心构成了一个网络，他们通过电话和计算机联系，居家远程办公，而不是简单地在家工作。他们也不是单独工作，而是参与到特定项目和任务相关的团队和小组中。正如 F 国际的公司章程所言，这一切都是为了"通过现代通信手段，发掘无法在传统环境中工作的个人和群体的潜在智慧"。

F 国际之所以与众不同，是因为史蒂夫·雪莉围绕着自由职业者的状态和能力，刻意营造了一种特有的组织文化。F 国际的核心是从外包人员

○ 斯蒂芬妮（史蒂夫）·雪莉（1933 年至今）是英国信息技术先驱、企业家和慈善家，以 1962 年创办自由职业程序员公司并为有家庭负担的女性提供灵活工作机会而闻名。在创业初期，为了得到和潜在投资者、客户见面的机会，斯蒂芬妮不得不把自己的名字"斯蒂芬妮"改成男名"史蒂夫"。——译者注

成长起来的。公司投入了大量的时间和精力去培养与自己合作的自由职业者，跟她们保持联系，也给了她们很好的报酬。

像 F 国际这样的组织并不多，但它作为一个典型的例子，代表了一种发展趋势。兰克施乐公司（Rank Xerox）在英国有自己的"网络员工"，大约由 60 名市场营销、财务、人事和管理服务方面的专家组成。他们都是从中央组织分离出来的专家，公司鼓励他们成立自己的公司，并将他们的一些服务销售给母公司。ICL 公司（International Computers Limited）[⊖]有两组资深兼职人员，他们与自由职业者不同，分别是软件规划师和软件分析师，和 F 国际一样，这些员工主要是家里有孩子的女性。

这些都是体量最大、最正式的案例。然而即便有些组织没有达到这类组织的程度，依然也有类似情况发生。几乎每个公司都会把一部分打字工作交给"居家族"完成，同时差不多每个总裁都曾经在家写过重要报告，然后接到电话才去办公室。阿尔文·托夫勒（Alvin Toffler）[⊜]在《第三次浪潮》（The Third Wave）中引用了许多美国著名公司总裁的观点，他们认为，只要做好通信准备，25%～75% 的工作都可以在家完成。弗朗西斯·金斯曼举例介绍了一些美国公司推行的居家办公计划，其中位于加州的货运数据系统公司最有意思。这家公司人数不多，所以就让大家如果没有必要来公司就居家办公，但是通过奖金制度鼓励员工赶进度完成工作。结果公司的生产效率大幅度提升，5 个月内就收回了给每个员工在家配备终端设备的资金投入。公司的快速发展没有给员工带来办公空间紧张的问题，他们

⊖ ICL 公司成立于 1968 年，是英国一家主要从事计算机硬件和软件开发的公司。在此书写作时，ICL 公司是欧洲最大的计算机公司之一，专注于生产大型计算机系统和相关软件，并在计算机行业中占有重要地位。20 世纪 90 年代末，ICL 公司被日本富士通公司收购，成为其子公司。——译者注
⊜ 阿尔文·托夫勒（1928—2016），美国未来学家和作家，以其对现代社会、技术和文化变革的深刻见解而闻名，著有《未来的冲击》和《第三次浪潮》等重要作品。——译者注

也没有必要搬到更大、更昂贵的办公场所。

有人可能会问，除了使用通信设备，这一切还有什么特别之处？毕竟，出版商们就靠着作者在家奋笔疾书才有新的素材。几个世纪以来，家庭工作者们在家织毛衣、寄信、改卷子、录文字、做馅饼和缝被子。日本人一直以来就有小作坊产业传统，主要依靠小规模的家庭式作坊进行制造、组装，并以此为基础形成了他们的大型企业。但跟过去不同的是，新型家庭工作者的能力、资质和地位都更高。1987年，英国就业部门调查发现，收入最高的工作者中有一些是在家工作的，这让它们感到惊讶。"居家办公"的说法已经过时，"远程办公"才是时髦的说法。虽然这不过是换了种说法，但正是这种说法代表了社会变化，预示着"居家办公"从另类变成时尚。

远程办公者可以自己说了算，他们既可以在通勤火车始发前工作，也可以在办公室关门后很久仍在工作。只要有电话或者计算机网络，他们就可以从任何地方"上下班"，也可以只搬家而不用换工作。可以偶尔享受美好的阳光，也可以"偷得浮生半日闲"去庆祝周年纪念日，而不用向任何人请假并获得批准。工作节奏既可以风风火火，也可以优哉游哉。可以待在火炉旁，也可以待在阁楼间。但并不是每个人都喜欢这样。对有些人来说，远程办公太冷清，对另一些人而言，居家时的诱惑实在太多了。有位美国女士抱怨说，因为经常去冰箱找吃的，她的体重增加了约25斤，而另一位男士则把他的离婚归咎于自己总是待在家里。

不过，今天看起来怪异的东西可能明天就司空见惯了。在所有现代发明中，电话的发明对其用户来说是最友好的，随着电话的不断发展和演变，它给很多普通职业都带来了革命性变化。车载电话和无绳电话的受欢迎程度甚至让那些最乐观的制造商都感到诧异。有了传真机，我们自己随手记下的笔记或草图在遥远的地方就可以立刻复现，手写也因此流行起来了。把电脑和显示器跟电话线连接起来，就组成了一个联结全世界的信箱，本地商店可以用它来销售商品，你的朋友可以用它留言，你的企业可以用它来发送备忘录。现在我们把使用电脑叫作培养"键盘技能"，而不是打字（又是个新词！），每个人都可以学会使用而不失面子和尊严。

1988 年 9 月，英国工业联合会与英国电信公司在伦敦举行了一场关于"远程办公"的大型论坛，以庆祝这个理念"时机已到"（这也是弗朗西斯·金斯曼的原话），并表示：预计到了 1995 年，英国将有 400 万名远程办公者。即使 400 万人居家办公也不容忽视。这个世界正在改变。

办公会所

数字化三叶草的一个标志就是中央办公室的新概念。目前我们说的办公室都是整栋的写字楼，各个高管有自己的独立办公室并配有相关服务。这种办公方式成本非常高，这一点在我最近访问伦敦市中心的一个类似办公场所时就显得非常突出。这家公司的首席执行官告诉我，他正在考虑重新设计空间布局，这样可以让高管之间有更多的非正式互动，然后能多出几个会议室，还要给那些特别贵重的电子硬件设备安排空间。他带我在办公区转了一圈，向我指出当前办公布局的一些缺点。这些房间都是一行一行的，或者说是一层层彼此隔开的独立办公室（因为它是一栋又高又窄的建筑）。

"可是，这些房间都是空的啊！"我惊讶地说。

他回答说："当然，他们都在外面谈业务、见客户、参加会议、收集信息、签合同。来这里就是提交报告、参加部门会议或处理信件。"

"按每小时的办公面积成本计算，"我说，"你这里肯定是伦敦最昂贵的办公室。你应该看看我朋友沃尔特的办公室。"

"为什么？"他忍不住问道。

我解释说："沃尔特开了一家设计咨询公司，大约有 100 名专业人员，规模挺大的。他们在一个改造过的仓库里办公，不过也没做什么大改。里面没有隔出独立办公室，只有会议室，还有个很棒的农家厨房。到处都放着写字白板，还有很多打字机、电话和计算机，但是包括沃尔特自己在内，没人有独立的办公室，只有秘书例外。不过这些秘书并不是传统意义上的秘书，而是项目协调员，会被分配给某个项目，而不是服务某个人。

"当我向沃尔特请教为什么，他告诉我，我不想让我的设计师和顾问花时间待在这么贵的地方。我宁愿他们在外面跟客户在一起，或是在家办公。我会给他们提供任何需要的设备。他们来这里只是开会、使用一些专业设备，总的来说就是为了保持联系。我们的厨房提供镇上最好的早餐，而且总是开着一瓶酒，任何人下午 6 点后都可以进来坐坐，喝上一杯。这里实际上是个办公会所。"

没错，就是个办公会所，在这里人们享有特殊福利，可以使用任何公共设施。办公会所并不是写字楼，比起一间间的办公室，这里的设备更齐全，环境也更舒适，而且所有空间都得到了合理利用。不过，办公会所的这种理念只有在人们有别的地方可去的情况下才行得通，比如在家办公、见客户、出差。这是个最佳场所，适合把一群独立工作者和一个小型核心联系在一起。在沃尔特的公司里，核心主要是项目协调员。

有意思的是，F 国际也在建设一些区域办公中心。如果员工需要参加团队会议、使用更多专业设备或只是想从家里溜出来见见人，就可以去这些办公中心。这些地方跟办公会所差不多，因为它们更具性价比，所以会越来越多。

三叶草组织之前一直处于萌芽阶段,后来之所以蓬勃发展是因为组织已经意识到没有必要再全职雇用所有人来完成工作。现在组织又进了一步,开始测算所有人固定在同一个地方的办公成本。兼职人员的办公室变成了远程办公者的共享空间,最终变成所有人的办公会所。将来有一天,赶着挤早班通勤车的日子会成为过去,或者每周只需要跑两趟。

传统观点认为,"居家办公"并不是什么像样的工作,对女性来说更是如此。以前男性的工作更有意思,需要在外上班。而女性在家做的补贴家用的事情,往往孤独乏味、内容琐碎且收入微薄。因此,更多人在家里工作似乎并不是什么好消息,即便冠以"远程办公"这样的美称。但是时代可能正在改变。

凯瑟琳·哈基姆(Catherine Hakim)[一]在 1981 年为英国劳工部展开了一项针对居家工作者的全面分析。她的报告显示,即便在 1981 年,人们对"居家办公"的普遍印象还是通常由女性承担,与家庭事务相关所以几乎不需要什么技能,片刻没得休息且健康状况不良。这种印象具有误导性,只符合在家庭式作坊中工作的小部分人。

她的调查结果显示,居家工作者比大多数人素质更高、更健康,并且更有可能拥有自己的房产。参与调查的许多女性都有意识地在居家办公的灵活性和收入相对较低的工作之间进行权衡,这可能也解释了为什么大多数居家工作者表示他们对自己的收入和状况感到满意。

美国的芭芭拉·巴兰(Barbara Baran)研究了女性在保险业的工作状况,并得出结论:尽管新技术可能会把女性从装配线上解放出来,甚至可

[一] 凯瑟琳·哈基姆(1945 年至今),英国社会学家,以其在劳动市场、性别平等和家庭政策方面的研究而闻名。——译者注

能提高女性劳动力的技能水平，但最终却"没有什么值得高兴的"。对于技能水平较低的女性文员来说，工作机会正在消失。对于有能力的白领女性来说，工作还是有的，但是没什么职业发展机会。有一家公司，1/6 的文职员工（主要是女性）都在家工作。她表示，许多受过大学教育的女性可能会跻身专业领域并进入管理层，但最终却发现自己的才能被低估，无法充分发挥。

不过她在研究中也介绍了一些公司的情况。这些公司已将业务从大城市转移到邻近郊区，以接近素质更高的工作者群体，主要是受过教育、孩子尚小的女性劳动力。人们告诉她，自动化对员工的技能提出了越来越高的要求，这迫使保险公司搬到离高素质劳动力更近的地方。也许并不是所有女性都希望像男性一样成就一番事业，如果她们没有这方面的追求，那么随着新型工作以及新技术的出现，居家办公或许是个不错的选择。

三叶草组织的挑战

三叶草组织从表面上看合乎逻辑，但是合乎逻辑并不意味着在管理上就轻松简单，这类组织并不容易管理。计划内的会议、临时会议、团队和委员会，这些都是三叶草组织里的常见内容，在组织核心中保留了下来并且促进着组织的发展。但要与外包团队尽快开会，却要费尽周折且令人失望。因为这些会议必须提前几周开始商量，协调各方日程安排，最终难免还有人缺席。三叶草的每片叶子必须用不同的方式管理，但在某种程度上还是得成为整体的一部分，毕竟三叶草还是象征着整体的三个不同方面，三者合而为一，又一分为三。

认识到并接受各个方面需要差异化对待只是个开始。决策中最困难的部分在于哪些是组织的核心业务和核心人员，核心人员要做哪些事情，核心业务要交给谁去做。组织经常在此类决策上飘忽不定，逐步把各项职能外包出去，直到只剩下不可思议或者实在不方便外包出去的部分。这种选择开始并不清楚，但对大多数组织而言，只要它们想得够彻底，最终就会发现"一切皆可外包"。某个组织举行了一场头脑风暴，讨论到最后发现，公司只要有首席执行官和一部车载电话就够了！今天有一类外包业务正在兴起，就是代表其他公司处理客户投诉！无论明智与否，大公司都会将这项业务外包出去，而且合同里面会注明要定期提供投诉分析报告。

更有争议的问题可能是哪些人属于核心，能在核心待多久。规模更小、更加扁平紧密的组织往往更年轻。年纪大的人总有一天会跟不上节奏，要么就是在某些技术上落伍了，要么就是总体上性价比变低了。新的核心人员会越来越多地采用固定期限合同。正如我们将在第六章中看到，确保核心人员与时俱进、保持思维敏锐开放，对所有组织来说都越来越重要。人越少，越要精。今天组织的核心团队已经容不下无能之辈或者匆匆过客。这种对人员素质的高要求反过来意味着进入组织核心的选拔门槛会更高。那些充满雄心壮志的高管将面临更多的要求，会有更多的组织最终采用"第二十二条军规式"的招人标准："除非你在这个领域已经有过成功经验，否则我们不会招你。"这就像一个演员在想办法申请演员协会卡，没有它就找不到演出工作，但没有演出工作就不能申请这个卡，很难知道从何开始。

在整个组织的网络里面，组织核心起到了关键枢纽作用，所以最重要的是打造好组织核心并把它管理好。

Chapter 5

THE FEDERAL ORGANIZATION

第五章
联邦制组织

随着三叶草组织的兴起，我们注意到联邦制组织也逐步发展起来了。联邦制意味着各个独立的成员组织以某种共同的身份在同一面旗帜下联合起来。在联邦制下，各个成员组织都会保持较小的规模，或者至少保持各自的独立性，然后通过自治加合作的方式来壮大整个联邦。企业也采纳了这种运作方式，缓慢而艰难地发展，以兼具两方面的优势：一方面，企业因为自身的体量而在市场环境和金融领域具备了影响力，并形成了一定的规模经济效应；另一方面，企业的运营需要保持灵活性，可以通过小型化的业务单元实现这一点，同时也满足了企业员工日益追求的集体归属感。

联邦制的本质

联邦制（Federalism）并不是分权制（Decentralization）的一种华丽表达，两者之间有重大区别，但君主制国家的人往往难以理解其中的差异。例如英国人就一直认为联邦制更适合那些脱离管辖的殖民地或是被击败的敌对国，因为联邦制会让它们成为一盘散沙、积弱不振，尽管很多历史证据表明结果往往适得其反。

分权制是指组织中央在掌控全局的同时，将某些任务或职责委托给组织的外围部分。中央所起的作用是分派任务、发起计划并指导外围部门的工作。我们在对组织的调研中发现一个极为普遍的现象，那就是：分权制组织特征越明显，进出组织中央的信息量就越大。在分权制组织中，组织中央也许并不负责实际的执行落地，但是要确保了解各项工作的进展情况。当然，新兴技术使信息的流动比以往任何时候都更加充分及时，这也让人们觉得，至少在理论上分权制组织的门槛将进一步降低。

联邦制则不一样。在联邦制国家，各个州最初共同建立了整个联邦。它们团结在一起是因为在一些事情上，联合行动比各自为政更有优势，国防就是个明显的例子。地方赋予了中央权力，可以算是一种逆向授权。因此，与其说中央是在指挥或控制，不如说它是在协调、指导、影响和建议，这些都是跨国公司总部耳熟能详的用语，而跨国公司往往因为子公司都是以地方问题为优先而不得不实行联邦制。

因此，联邦制组织是一种由外向内的逆推型组织，绝大多数情况下由组织的外围来发起新的计划，驱动组织的发展并给组织带来能量，而中央则处于相对低调的位置，只是对组织施加影响。瑞士就是一个很好的例子，体现了联邦制原则如何发挥作用。这个国家安定富足，在很多方面都让欧洲邻国羡慕。人们肯定会觉得瑞士政府备受民众拥护，总统的名字会挂在每个老百姓的嘴边。有意思的是，恰恰相反，即使总统在主持一场峰会，也没有人能轻易反应过来他是总统，或者记得他曾经当过总统，因为在瑞士，铁打的政府、流水的总统。在人们看来，总统就像董事会主席，带领着一个协调小组，他们会引导国家事务却不会直接进行指挥，举足轻重但不显山露水。

因此，用管理学的术语来说，联邦制组织兼具紧密型和松散型组织的特点。组织中央通常会牢牢掌控关键决策，例如公司的投资采购计划以及最新的人事安排。中央通过这些方式来打造其长期战略，并通过核心高管来保障战略的落地执行。其他一些机构早已熟稔这种运作机制。我曾请教过英国一所著名私立学校的校长，他是如何重新打造整个学校的，他说："我会选出新的学社负责人和院系负责人，并给一些新的设施配备好资源。然后我会等上10年，自然会有结果。"

然而，对于大多数组织而言，联邦制并非自觉自愿的选择。据我所知，历史上没有哪个国家会自愿放弃中央权力，划归给地方。只有像澳大利亚那样，独立的各州决定合并在一起，或是像联邦德国那样，中央的权力因战争或革命土崩瓦解，无论内外都没有人希望看到中央再次独掌大权。这种时候，联邦宪法也就应运而生。

那么人们一定会问，联邦制是如何在组织中生根发芽的呢？组织并非出于自愿，在绝大多数情况下也不是有意为之，甚至是在不知不觉中采用了联邦制。非连续性变化这个重要的因素，又在我们毫无察觉的情况下"随风潜入夜，润物细无声"。当组织的核心缩小后，在应付去中心化运营所带来的信息洪流时就显得力不从心。这种情况下，联邦制的组织形式必然出现。随着大型的组织变成三叶草结构，并且在壮大的同时派生出更多更小的三叶草组织，那么位于组织中央的核心人员就会试图去管理这些小型三叶草组织，并依靠新兴技术给中央提供所有必要的信息。技术本身并没有任何问题，但这些信息得经人工专家解读后才能发挥作用。随着信息量的膨胀以及信息内容变得更加多元，组织就需要更多的人力来消化这些信息，除非这些信息闲置在成堆的打印纸上或是沉睡在电脑磁盘的某个隐蔽角落里。矛盾的是，正如我们所看到的，所有组织都在努力收缩核心、精简员工。最终，它们不得不开始放手，放弃追问各种信息，同时也放弃了由组织中央事无巨细地管理一切。这样的话，"分权制"就变成了"联邦制"。很多首席执行官并没有理解这种非连续性变化的深刻意义，因此也没有在组织内部推动联邦制的发展。

我有一位朋友刚刚被任命为跨国公司的首席执行官，他向我请教什么是联邦制。"你们总部有多少人，数以百计吧？"我问他。"我觉得三只手数得过来。"他说。我略带得意地说："你看，联邦制的关键在于组织中央要小，实际工作是由中央以外的其他部分完成。按照联邦制的思路，不需要1500人在伦敦总部'济济一堂'。"

"我说的是15人，不是1500人，"他耐心地向我解释，"我的所有业务都分配给各个独立公司完成。集团中央会回笼各个公司的盈余资金，并对新的业务机会进行投资。我们会监督这些公司，看它们能否达成盈利目标。如果达不成目标，我们就会对管理层施加压力，实在不行就换人。新的业务、新的面孔，我在集团中央只关心这两点，身边只需要少数几个精兵强将。"

我说："你用不上我了，你自己已经发现了联邦制组织的精髓。"

他答道："我觉得这算是常识。"

15 个人要控制大约 30 个不同的公司、部门或运营单位的工作细节，这简直匪夷所思。他们恐怕都没有时间把所有信息通读一遍，最好干脆放弃这个念头，把精力集中在自己真正可掌控、可决策的事情上。组织核心向小型化发展，必然走向联邦制的运营形式，而组织核心如果膨胀则最终会让分权制的运营成本过高。现实成本慢慢地将大型组织推向了一个新的世界。

中央的角色

1988 年，英国国家经济发展办公室（NEDO）的一份报告严厉批评了英国国内一些最大的 IT 公司。报告称，与日本、德国和美国的竞争对手公司相比，它们增长缓慢、令人失望。报告指出，增长缓慢的主要原因在于组织结构。这些公司将自己分拆成多个独立子公司，然后让这些子公司自行制定战略，结果这些战略常常短视狭隘。言下之意，只有大型组织才会从长远、全局的角度来思考公司的战略。

如果这些公司确实将战略规划的任务下放给子公司，那就曲解了联邦制。这就好比如果美国让各州决定各自的国防政策，那最终国防将形同虚设，无人卫国。如果仅仅把组织中央当成银行家，主要负责"回笼盈余利润，然后再把资金投入到前景可嘉的项目中去"，那就没有发挥出联邦制的大部分优势。联邦制的精髓在于壮大集体的同时又保持中央处于较小的规模。

组织中央扮演的绝不仅仅是银行家的角色，只有组织中央才能考虑到下一年年报之后的事情，或者援引某家族企业的说法，只有组织中央才能看到组织后世后代的安排。只有组织中央才会从全球战略的角度出发，把组织的战略与组织的某个或多个独立运转的地方子公司结合起来。如果把这些重大决策交由各个地方子公司，那无疑是将组织的未来做抵押，会让组织承担不可预知的风险。

然而，在联邦制组织中，组织中央并非掌控一切。从逻辑上来看，人们会轻易认为组织中央主导长期决策，地方负责落地执行。然而，这种逻辑是一种旧式管理工程学的老生常谈，充满了分权、授权与管控这类陈词滥调，与新政理论中的群众、社群之类的新的表达方式风马牛不相及。联邦制的理念要求组织中央要设身处地为地方着想，这样地方才会心甘情愿地落实中央的决策。组织中央不得不这样做，因为其心有余而力不足，缺乏足够人力去控制细节。

在这种情况下，企业需要呈现一种新的形象。企业的"中央"要在企业各项事务中真正处于核心地位，而不是作为企业的"高层"或"总部"（总部这一说法已经逐渐从企业词汇中淘汰）。中央必须坚持其核心职能，比如新的人事任命及新的资金运用管控，但决策必须与各个地方的领导协商，且体现各方利益。这在政治学上合情合理，中央由各个地方领导共同组成，他们在特定的时间和地点代表整个联邦决策行事，然后回到各个地方，为整个联邦做出自己相应的贡献。

因此，联邦中央的管理模式并不是君主制那样，一人拥有生杀予夺的大权，可以专断独行、为所欲为。在这里，人们相互说服、彼此争辩以达成共识。在这里，领导力必不可少，但需要以理服人，而不是以权压人。我们会看到，因为大型跨国公司必须面对各个国家独立运营的子公司，所以不得不较早转向联邦制组织。它们已经开始成立三人领导小组甚至是委员会来管理组织中央的各项事务。

我曾请教过一家大型跨国公司的新任董事长："作为世界上最大企

业的一把手，在某种意义上也是我们最重要的商业领袖，你个人感觉如何？""并不是你想的那样，"他回答说，"我只不过是在桌旁占用个位置，临时担任团队主席罢了，因为总得有人来坐这个位置。"

日本东急集团[⊖]有 300 多家公司，业务遍及铁路运输到房地产。1984年，东急集团的灵魂人物五岛升[⊜]卸任后，公司就交给集体领导小组来管理。从君主制组织一步迈入联邦制组织。

在这些组织中，有一批员工隶属于组织中央，他们主要关心的是组织的未来，包括未来的计划及其可行性，存在哪些情景以及对应的选项。他们会向那些不在组织中央但是位居组织某个部分的高层领导提供建议，而且越来越需要依赖自身的影响力，而不是任何的正式授权或绝对权力。在许多组织中，组织中央已经成为未来领导者的"黄埔军校"，这些未来的领导者在组织的某个部分独当一面之前，必须先全面了解整个组织。

由于组织在不断演变，因此鲜有纯粹的联邦制企业。日本企业往往比较接近这种模式。最近，约翰·奈斯比特（John Naisbitt）[⊜]在他的《公司再造》（*Reinventing the Corporation*）一书中援引山下勇（Isamu Yamashita）[⊗]的说法："今天最佳的组织架构是有一个小型战略中心，然后由很多前线团队提供支持。"这些新的表达方式再次预示着新的活动方式。有位首席执行

⊖ 东急集团是一家日本大型集团，总部位于东京都千代田区。该集团经营多个领域，包括铁路、房地产、零售、旅游等。——译者注

⊜ 五岛升，（Noboru Gotoh，1916—2015），日本东急集团第二代首脑人物，1984 年卸任东急集团董事长后，任日本商工会议所所长。原文是 Noburo Goto，应该是作者笔误。——译者注

⊜ 约翰·奈斯比特（1929—2021），是世界著名的未来学家，其主要代表著作《大趋势》与威廉·怀特的《组织的人》、阿尔文·托夫勒的《未来的冲击》并称"能够准确把握时代发展脉搏"的三大巨著。——译者注

⊗ 山下勇，（1911—1994），东日本旅客铁路公司董事长、三井造船公司董事长。——译者注

官最近给他的企业中央起了各种不同的称谓：美食指南（指明各个子公司的优势或特长）、交通警察、乐队指挥、翻译家、评论家或拉拉队长。当被问及自己的角色时，他回答说："我这辈子大部分时间都是传教士。我们对外需要竞争，对内却需要协作。"这个回答言简意赅地总结了联邦制各个部分相互依存的原则。在这一原则下，每个部分都需要依靠其他部分以及中央才能生存下去。毕竟，如果各个部分过于独立，可能就会导致联邦四分五裂；如果各个部分随意组合在一起，只会是一群乌合之众，算不上联邦集体。

遗憾的是，误解联邦制的核心精神可能会造成比没有实施联邦制更糟糕的后果。当联邦制被误用时，企业可能沦为低效的分权组织，最终陷入无头或空心的状态，这也是 NEDO 的报告中批评英国 IT 公司的原因所在。要真正成为联邦制组织，关键在于准确把握中央的角色，并理解"辅助性原则"和"甜甜圈原理"等概念。仅仅有联邦制组织结构还不足以形成真正的联邦制组织。刻意使用这些新颖的术语，正是为了强调组织需要拥有一种全新的思维方式。原地踏步已经行不通，非连续性变化呼唤一种颠覆性思维。

辅助性原则

联邦制组织不仅在组织形式上有所不同，在组织文化上也存在显著差异。它要求管理者和全体员工具备一种与众不同的认知与心态。这正是非连续性变化的核心所在：不在于结构的变动，而在于观念的转变。

这种观念尤其体现在"辅助性原则"（Subsidiarity）上。大多数人对这个词都不太熟悉，但罗马天主教的信徒对此并不陌生，因为长期以来它一直是传统教义的一部分。"辅助性原则"最初由教皇利奥十三世⊖提出，后来在墨索里尼统治时期，1941 年的教皇通谕中被重申。⊜"辅助性原则"认为："将下级组织力所能及的事情收归上级组织是一种不公正的行为，同时也是一种严重的罪恶，扰乱了合理的秩序。"换言之，剥夺他人的决策权是一种错误行径。

这些用词经过深思熟虑，其中蕴含的道德感是其得以发挥作用的关键。"辅助性原则"的核心在于放弃权力。在组织中，没有人愿意轻易放权，但是在联邦制组织中，组织中央的核心人员不仅要放弃部分权力，而且要心甘情愿，否则联邦制组织将难以运作。因为只有这样，他们才能相信新任决策者会做出明智决策，并积极支持这些决策的落地执行。他们必须相信，这一切本质上对组织有利，而自己所做的也将为组织带来积极的影响，因此他们自我感觉良好。

在组织中，负面的预期往往会自我实现。当你向他人授权时，如果内心预设事情将无法顺利进行，那最终结果就会不如意。因为被授权者可能缺乏正确的信息，或是掌握不了这些信息，无法调动资源来落地决策，同时也可能没有接受足够的培训来承担新的职责。在这种情况下对他人进行授权的管理者肯定是个不负责的家伙。但是当每个人内心有所抗拒时，都难免有些不负责任的表现。如果要使授权真正有效，双方需要共同努力。授权者应当保持积极的心态，愿意相信并支持对方，而被授权者也要愿意接受这种信任并将其充分利用。这种相互信任能够促成积极的结果，不仅符合道德，也契合"辅助性原则"。

⊖ 利奥十三世（1810—1903），第一个资产阶级教皇。——译者注
⊜ 庇护十一世于 1931 年发布《四十年》通谕，其核心思想是社会公正及辅助性原则。原文为 1941 年，为作者笔误。——译者注

有意思的是，在这种情况下善意的行为终有回报。组织中有很多进退维谷的两难局面，这种做法就是一种破局之道。我们常常看到这种"第二十二条军规式"的矛盾场景：如果一个人无法承担相应的责任，就很难把责任交给他，但如果他从来没有机会承担责任，那又怎么证明他是否有能力呢？人必须靠自己赢得信任，但为了赢得信任，首先要有机会。如果我想知道能否放心让孩子自己去上学，那必须首先相信他们可以自己去学校。我这样做是因为我是他们的父母，希望他们成长，相信他们有能力做到，不介意他们最初犯一两个错。

有些组织因为行业本身的性质，往往不得不对年轻人委以重任，这样恰恰吸引了大批高素质的年轻人，并促使上层管理者更容易接受权力下放所带来的潜在风险。电视和新闻业都是青年才俊们争相加入的行业，其吸引力倒不在于名利，而是在于初出茅庐之际就有机会独当一面。这两个行业不得不如此，因为电视台和报社的中央管理层无法逐字逐句地规定每档节目或每篇报道的内容。那些掌权者只能依赖事后控制，有时甚至会陷入尴尬境地，付出高昂代价。然而，这些代价是付出信任所不可避免的。优秀的组织之所以鲜少犯错，正是因为其员工出类拔萃，而员工之所以表现优秀是因为他们知道组织对其寄予厚望，并允许他们在必要时犯错。

总而言之，践行"辅助性原则"，将权力下放，组织自然会吸引到所需的人才，有了这些人才，"辅助性原则"才能真正生效。我们逐渐发现，"辅助性原则"正影响着其他行业，如新兴的金融行业、广告代理行业，以及更为传统的医药和法律行业。换句话说，越是需要迅速决策的领域，就越需要相信一线人员的判断。最优秀的年轻人会用脚投票，选择加入这些组织。最终，"辅助性原则"体现出一种自我验证的哲学。

甜甜圈原理

再换一种比喻，那就是内外倒置的甜甜圈。美式甜甜圈是一种油炸圆饼，中间是空心的，不像英式甜甜圈那样中间是果酱。纽约人也把它叫作百吉饼。但是我们这里指的甜甜圈正好内外相反，中间是实心的，外圈是空心的，正如图 5-1 所示。

当你深入思考自己的工作，或者任何形式的工作时，你会越发体会到这个类比的精妙之处。在工作中，有一部分职责是明确规定的，未能履行这些职责便是失职。这部分职责就像甜甜圈的核心，处于甜甜圈的中心地带。岗位说明

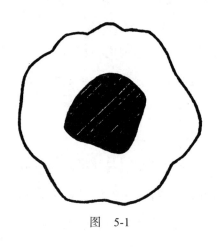

图　5-1

通常会列出各项具体的工作任务，如果企业足够专业，还会详细描述工作目标。然而，问题在于，即使你完成了所有的核心任务，工作仍未结束，还有更多的任务等待你去完成。对于重要岗位而言，组织对从业者的期望不仅仅是履行分内之事，还需要他们在现有工作基础上不断创新，展现出责任感与主动性，进而进入甜甜圈的空白处，填补那些尚未明确的领域。遗憾的是，没人能告诉你该如何填补这些空白，因为如果答案已经存在，它们早就被纳入甜甜圈的核心了。这便是组织中的另一种矛盾，他们只能为你划定工作的边界，即甜甜圈的最外延。

有些甜甜圈仅有核心部分，没有可发挥的空白空间。我们并不希望公交司机擅自决定提前发车、抄近路，或绕道观光。有些人，尤其是那些灵活就业人员，倾向于工作内容明确、任务边界清晰的工作，因为这样他们

可以确切知道自己的职责和完成时间。而其他工作则可能没有明确的边界限制，例如独立创业者；有些工作则拥有大量空间可供人自由发挥，比如护理、教育和神职工作，时间允许的情况下，他们似乎总有做不完的事情。大多数人倾向于一种平衡的工作状态，即甜甜圈的核心与空白部分大小相当。

如今，联邦制组织的关键在于，它们需要大甜甜圈，无论是团队的甜甜圈还是个人的甜甜圈。这与过去的组织有所不同。在过去的组织形式下，大部分的工作内容几乎可以被完全定义，从而能够很好地监督和管控。那时，大部分工作属于甜甜圈的核心部分，没有空白，工作只需按部就班，无须自我发挥。然而在今天，许多组织面临着日益复杂和多变的外部环境，需要应对各种变化，因此，要明确工作的全部内容，定义一个核心满满的甜甜圈，几乎是不可能的。这些组织必须调整管理方式，明确哪些是甜甜圈的核心部分，哪些是可以自由发挥的部分，定义每个甜甜圈的目标，以及新的计划成功与否的标准。

这些管理理念看似简单明了，却标志着一种重要的非连续性变化。大多数人并不习惯在被赋予充分发挥空间的大甜甜圈下，以结果为导向来管理组织。许多管理者更习惯于尽可能清晰地定义工作内容，控制过程和手段，结果自然水到渠成，这样他们就不必刻意管理目标与结果。与之相对的，充分授权他人，明确成功标准，相信他人会以自己的方式实现你的目标，这种方式可能会让人感到不适，尤其是当我们意识到这种事后控制或结果导向的管理方式可能会导致错误时，就更容易畏首畏尾。事实上，与成功相比，我们或许能从错误中收获更多，但过去的组织一直不愿将这一理论付诸实践。现在，它们必须这样做，并学会允许犯错。当然，并非所有错误都值得原谅，但大多数错误并不像当时看起来那么严重，而且组织和个人从中可以汲取宝贵的经验教训。

组织本身并不宽容。在组织中，个人一旦犯错，错误就会被放大，并被记录在报告和考评中，既不会被淡忘，也不会被原谅。组织会因为个人功过给人贴上功臣或罪人的标签，而且这些标签一旦贴上，长期都很难撕下。新型的管理者，尤其是越来越多的女性管理者，必须采取不同的管理方式，要善用心理学中的强化理论，鼓励成功、宽容失败。他们必须将错误视为学习机会，而且只有发自内心原谅错误，才会从中有所收获，否则教训听上去就像一种苛责而不是在提供帮助。新型管理者要明确什么是成功，什么是失败，并给团队一定的空间，让他们以自己的方式开展工作。新型管理者在担任指挥官、检察员和裁判员的同时，还需要扮演老师、顾问和朋友的三重角色，甚至有过之而无不及。这是我们管理方式的重大转变。如果我们无法做到这一点，那么联邦制组织就会陷入无序状态，控制权就会重新回到中央，中央会变得庞大臃肿、成本高企，组织会陷入瘫痪衰败，然后走向消亡。

领导力的表达方式

新型组织需要全新的经营管理方式。正如我们所见，我们需要借助新的语言来描述这些变化，例如联邦制组织、网络型组织、组织联盟和组织影响力，还有三叶草组织和甜甜圈原理。这些表达方式所蕴含的管理哲学，要求我们掌握新的方式，养成新的习惯，以应对日益增加的不确定性。同时，我们要给予更多的信任，放下过多的控制欲，增添更多的创造性。然而，对于那些在传统管理方式下成长的人们而言，这些新的表达方式显得陌生且令人生畏。但我认为，我们必须得认识到这些表达方式都恰如其分，毕竟没有人喜欢被管理，即使他们甘愿在公司担任一官半职。任何尝试过管理组织的人都知道，管理组织更像在治理一个小国，而不是在操控一台机器。组织本质上是一个柔性系统，只有那些纯理论家才会试图把冰冷的数字、逻辑和机械原理强加于此系统。也许出于本能，我们对这些管理理论没有多加注意，但当汤姆·彼得斯和罗伯特·沃特曼（Robert Waterman）在《追求卓越》（*In Search of Excellence*）中首次引入这些新的表达方式时，显然触动了人们的心弦。

结果，领导力成了当下的热门话题，与之相关的各种表达方式也变得越来越重要，但正如沃伦·本尼斯（Warren Bennis）在《领导者》一书中所述，在所有的社科研究中，关于领导力的研究最广泛，但对其理解最浅显。就像美丽或爱情，我们能自然体会其存在，但要清晰定义或按需定制殊为不易。同样，关于领导力的众多著作就像爱情故事一样引人入胜，甚至让人爱不释手。书中主人公的伟大形象和光辉事迹满足了我们的个人幻想。当我们手捧着詹姆斯·麦格雷戈·伯恩斯（James MacGregor Burns）㊀、迈克尔·麦科比（Michael Maccoby）㊁、阿利斯泰尔·曼特（Alistair Mant）㊂、沃伦·本尼斯、卡里·库珀（Cary Cooper）㊃、彼得斯和沃特曼的作品时，可以沉浸在个人世界，遐想无限的可能。

然而，这些引人入胜的作品充斥着主人公的光辉事迹和伟人的传奇经

㊀ 詹姆斯·麦格雷戈·伯恩斯（1918—2014），美国当代杰出政治历史学家，总统传记作家，领导学研究泰斗，美国普利策奖及国家奖获得者、国宝级作者，以其对领导力理论的研究而闻名。——译者注
㊁ 迈克尔·麦科比（1933—2022），美国社会心理学家和领导力顾问，因领导力、管理和组织文化的研究而著称。——译者注
㊂ 阿利斯泰尔·曼特（1938—2020），澳大利亚管理学者，在领导力、管理和组织发展领域做出了杰出贡献。——译者注
㊃ 卡里·库珀（1940年至今），英国心理学家，专注于职业健康和组织心理学领域，是这一领域的领先专家之一。——译者注

历，可能会让人误以为领导力仅适合新型管理者或有特殊才能的人士，这样可能适得其反。我认为，新的表达方式之所以重要，是因为它们提醒我们，领导力应普遍存在于组织中，应当成为一种潮流，而非可遇不可求的特例。每个有理想、有抱负的职场人士都应开始像领导者那样思考和行动。有些人会发现自己得心应手，能迅速取得成效；而有些人则根本无法适应。然而，除非你去尝试并被允许尝试，否则没人知道你是否具备领导力。个人的领导潜质难以在早期被发现，只有在实践中才能展现，并被自己与他人所认可。

那么，这种神秘莫测的"领导力"究竟是什么？个人如何才能培养出"领导力"？虽然各类研究见解不一，但在一点上达成了共识，这也可能是问题的关键所在，那就是："领导者树立并传递愿景，使他人的工作更具意义。"但愿这不是说起来容易做起来难！让我们从以下五个原则来深入理解这一简单却深刻的概念。

- 愿景必须独树一帜。如果组织的计划或战略只是从现状出发预测未来，或是简单模仿他人，那就算不上愿景。愿景必须对已知场景进行重构，对平常事物赋予全新的想象，或是将看似毫无关联的梦想串联起来。阿利斯泰尔·曼特将领导者比作"建造者"，与他人一起努力实现"第三角"，也就是大家共同奋斗的目标。他将那些只迷恋权力或追求个人成就的职场人士称为"掠夺者"或者"二元人"。詹姆斯·麦格雷戈·伯恩斯提出了"变格式"领导者的概念，这类人有别于单纯的"事务型"领导者，后者只是在疲于奔命，充当救火队长。

- 愿景必须充满意义。就像我之前提到的，愿景最好带来恍然大悟的效果，让每个人都能感叹："原来如此，现在我懂了。"就像一些灵感经常在脑海中闪过，却从来没有被清晰表达出来。愿景既要拓展人们的想象，又要具备可行性，这样的愿景才有意义。愿景只有与他人的工作息息相关，才能给他人的工作赋予意义，而那些指点江山的宏大设计只会让人觉得空洞乏味。如果"愿景"一词显得过于宏大，那不妨试试用"目标""宣言"这类表达。

- 愿景必须大道至简。如果愿景写满两页纸或者充斥着数字和专业术语，那就无法表达清楚。愿景必须深入人心。比喻和类比的表达方式尤其重要，因为它们能让人们脑海中浮现出栩栩如生的画面，提供了想象解读的空间，而不是那种精准定义，全是各种工程管理术语。

- 领导者必须身体力行。不仅要对愿景坚定不移，还要将这种信念深植于他人心中。人们恐怕很难相信，一个身居豪宅的领导者会信誓旦旦地表示要改善贫困者的生活。我们听说卓有成效的领导者通常会散发着活力，而这种活力来自他们对事业的热爱。同样，这样的领导者会正直诚恳，因为忠于自己的愿景，自然就会真实地面对自我。换言之，愿景不是从设计室中凭空想象出来的，而是源自内心深处的信仰。纯粹的实用主义者难以成为引领变革的领导者。

- 领导者必须谨记，他人若不能感同身受，愿景终究只是空想。没有追随者的领导者，如同荒野中的声音，孤独而没有回响。领导者都愿意亲自挑选团队，但大多数情况下，他们必须接管已有队伍，并将其打造成自己的团队。领导者只有信任他人，才会赢得他人的信任。如果希望他人对愿景产生共鸣，那就必须倾听他人的声音。

这五个原则看似简单明了，在实践中却很难做到。旧的管理方式比新的领导方式更加简单，可操作性更强。但如果新型组织想要成功，并志在必得，那我们的管理者就必须像领导者一样思考。如果我们能做到这一点，就标志着另一次重要的非连续性变化正转化为组织的优势。这一现象正在一些地方悄然出现。

水平通道

一个组织究竟需要多少领导者？答案显然是：多多益善，他们遍布各处，而不仅仅集中在组织中央。联邦制组织是一种扁平化的架构，各个部分的核心团队通常只有四五个级别。

这种扁平化的组织架构产生了深远的影响。在过去，组织的架构更像是顶端紧密相连的一圈梯子。对大多数人而言，职业生涯就意味着沿着梯子不断向上攀爬。职场的成功体现为晋升到更高的职位，而那些事业一帆风顺的精英可能期望每两年便能晋升一级。尽管在较低级别上也有一些交叉岗位和综合管理岗位，但总体而言，欧美大型组织的架构大多如此。

职场中的等级观有时令人匪夷所思。我曾拜访过一家位于印度中部的大型制造公司，它在印度中部有座大型工厂，雇用了两万人，专门生产涡轮发电机。这家公司深受官僚主义的困扰，几乎难以推动任何决策。每个人似乎对每个决定都有否决权。匆匆看一眼公司的组织架构图就会发现，这家公司每条汇报线平均竟有 20 个层级，这意味着有 20 层汇报关系。他们解释道："嗯，你瞧，我们广泛沿用了大不列颠式的年度考评制度，但在印度，绩效考评优秀的人必须要晋升，否则他们就会觉得没面子。因此我们不得不在工厂里设置这么多级别，给员工提供晋升空间。"

联邦制组织不会把两万人安排在同一个厂房。有可能的话，每个部门的人数不会超过 500 人，职场阶梯也很短。正如我们在第四章中提到，在三叶草组织的核心，成功并不意味着晋升，而且这也不可能，因为并没有那么多层级。职业发展的顶点不过是成为高级合伙人，届时他可能已过不惑之年。

如果职业生涯不再是向上攀登，那么又意味着什么呢？对一些人而言，工作本身不会有太大变化，只是会在既定的岗位上不断精进；而对另一些人来说，工作则会更加多样化，会在同一层级上尝试承担不同的职责。日本企业在培养青年才俊方面有独到之处，它们为这些年轻人提供的并不是职业发展的垂直通道，而是横向发展的快车道。年轻人被安排从事一系列平级的工作，并且每项工作都要达到严格的标准。这样做的好处在于，这些年轻人不仅对组织有了更广泛的了解，还能够在多样的岗位中发现自己的天赋与潜能。毕竟，几乎没有人是样样精通的全才，而那些能在年轻时发现自己天赋的人，往往会更加幸运。日式管理为年轻人提供了广阔的舞台，让更多人而非少数幸运儿有机会见识幸运女神的微笑。

这种人才培养方式不仅对日本的年轻人有效，也适用于世界各地、各个年龄层的职场人士。水平通道同样适用于资深员工与职场新人。在西方观念中，人们的能力与兴趣大多在青少年中晚期形成，之后的教育与经验通常会将他们推向唯一的晋升路径。然而，当许多人发现自己选错了路径时，往往为时已晚。职能型组织与职能型教育体系相结合，使得一种"单一起点"社会形成。而扁平化的组织架构则为各年龄层的从业者提供了发现新能力和新志趣的机会。

水平职业路径作为一种有效手段，真正展现了颠覆性思维的力量。这也对组织提出了新的要求，唯有如此，水平职业路径的优势才能得到最大程度的发挥。首先，组织要对员工的学习能力和持续学习的动力充满信心；其次，组织要认识到，学习并非线性发展，而是横向、多维度甚至是非连续性的；再次，组织应该明白，即使员工到了四五十岁，仍有可能发掘出自己尚未意识到的潜能；最后，当员工转换岗位角色时，组织不应该仅仅依赖员工过往的表现来判断他们的未来潜力。

如果缺乏这种颠覆性思维，组织里面就会出现越来越多处于"职场高原"的管理者，他们已经走到了职业阶梯的天花板，除了离开已经别无他选。组织不得不投入更多的成本和时间去寻找新人来填补空缺，同时也不得不担忧资深高管可能会失去动力，害怕引进太多新面孔可能带来文化冲突，更担心无法为更年轻的员工提供有意义的职业机会。

在我看来，联邦制是组织进化中的必经之路。它让个人能够在组织的"小村落"中工作，同时能享受大城市设施带来的便利。组织就像一座城市，必须要拆分为村落才能高效运作。一方面，大城市的模式无法满足对产品、流程和人员多样性的要求；另一方面，村落本身也缺乏足够的资源和创造力来实现持续发展。当然，有些村落自给自足、小富即安，但是全球化的市场需要全球化的产品，以及生产或提供这些产品的大型联邦制组织。

这些概念上的"组织村落"也可以是地理上分布的"物理村落"。如今，联邦制让人们可以就近工作，不再需要亲临工作现场。在联邦制模式下，员工可以通过电话和电脑远程联系，无须面对面交流。最终，联邦制组织可能会为英国的住房问题带来解决之道。

这无疑需要一些颠覆性思维。目前，英国及其他国家南部的企业正面临人手短缺和技能不足的问题，而北方却有许多人失业或就业困难，他们无法负担南方高昂的生活成本，也不愿意搬迁。与其在南方过着拮据的生活，他们更愿意留在熟悉的环境中。

这些企业逐渐认识到，与其通过更高的薪酬吸引人们南下，推高房价，不如将部分工作岗位迁至北方，这样更为明智。而当企业进一步意识到，若能充分拥抱联邦制管理模式，甚至无须将所有工作岗位迁往北方，他们便会迅速采取行动。

不只是由北往南的工作流动。在信息社会，新型组织的关键资产是人才，特别是那些优秀人才。组织总是会迁移到靠近关键资产或原材料的地方，在煤炭时代会搬到煤田附近，现在将搬到员工们希望生活和居住的地方。组织的核心成员往往都希望居住在大学城和环境宜人的乡村附近，这些地方教育资源丰富，交通便捷且环境开阔。随着越来越多的"组织村落"搬迁到真实的"物理村落"，这种举措将有利于组织的未来发展。联邦制模式可以让组织以"村落"形式运行，同时在整体上依然是一座"城市"。

然而，联邦制不仅仅体现在组织架构上，正如本章所阐明的，它更涉及思维方式的变革。我们需要重新审视组织中的员工及其能力，重新思考如何引导他们开展工作，以及如何对他们进行管理。因此，这些员工不仅需要具备智慧，还必须具备"联邦"思维。这正是我们在下一章将要重点探讨的内容。

Chapter 6

THE TRIPLE I ORGANIZATION

第六章
智慧型组织

  沃利·奥林斯（Wally Olins）[⊖]为我做了精辟的总结。他成功经营着一家公司，他的主要工作以及这家公司的大部分业务是帮助组织发现自身的优势和目的，并以可视化的形式呈现出来。所以他处在一个绝佳的位置来观察组织的变化趋势以及这些变化到底是什么。他注意到："过去，人们的财富取决于拥有多少土地，之后是与生产能力相关，现如今财富越来越取决于知识储备和运用知识的能力。"

  有效获得成功背后的新公式是：3I=AV。其中 3I 代表智慧（Intelligence）、信息（Information）和创意（Ideas），而 AV（Added Value）意味着金钱或其

 ⊖ 沃利·奥林斯（1930—2014），英国品牌顾问，被广泛认为是品牌和企业形象设计领域的先驱和权威之一。他创立了著名的品牌咨询公司沃尔夫·奥林斯公司（Wolff Olins），并为全球众多知名企业和机构提供品牌战略咨询。——译者注

他形式的附加价值。在竞争激烈的信息时代，单靠聪明才智是不够的，我们还需要以有价值的信息和绝佳的创意为基础，三者相结合才能从知识中创造价值。

当然，我们在这里讨论的是组织的核心，也是组织的重中之重。组织中仍然会有各种日常琐事，包括检查邮件、接待访客、打扫办公室、更换灯泡、安排会议。这些事情永远不会完全自动化，也不需要高智商的人来完成。但组织的核心必须围绕3I展开，不然最终将无法创造足够的附加价值来为这些琐事买单。

3I组织与之前的组织不同，军队、工厂或政府官僚机构的管理理念对它们都不太适用，它们必须参考那些一直以来以知识为核心，脑力比体力更重要的地方。

我在一次首席执行官论坛上说："你们的公司会越来越像高等院校"。

"谢天谢地！"其中一位回复道。

我这番话可是认真的，我也表示赞同。大学如果发挥出优势，也会更像企业。

我重点想表达的是，在高等院校，那些高智商的人也在关注信息和创意，也就是3I。在这样一个学习氛围浓厚的地方，从理论上讲，他们至少是在使用3I框架追求真理。

那些利用知识创造附加价值的新型组织也需要坚持不懈地追求真理，用商业术语来说就是要追求质量。为此，智慧型组织越来越多地使用智能机器，并请来相关的人才来操作这些机器。有趣的是，我们再次注意到有许多组织常常谈论它们的"知识产权"。这种新的用词再次体现了事物的发展方向。

智慧型组织知道，不能把它们的人才轻易定义为工人或经理，而要把他们看成独立个体、专家、专业人士、主管或领导者（经理和工人这两个陈旧的说法正慢慢被淘汰）。他们和组织都需要保持学习，以便跟上变革的步伐。

智慧型组织还意识到，要管理这些高智商员工，只能晓之以理，跟他们达成共识，而不是强制要求他们服从，只有同事间相互协作和相互理解才能把事情做成。然而，高智商（Intelligent）并不代表有智慧（Intellectual），两者有很大区别。我女儿谈到一个朋友时说："他的智商可能非常高，但缺乏生活智慧。他连放洗澡水都做不好，更别提经营企业了。甚至连自己的生活也是一团糟。"

追求质量、智能机器、高智商员工，以及持续学习和以理服人的组织文化，这些加起来似乎并没有什么革命性，也没有充分体现出类似高等院校的样子。但是这些理念比表面上看起来更具革命性，如果更多组织积极实践这些理念，那么它们将比大学更像真正意义上的大学。

质量即真理

质量已经成为许多组织的新口号，而不再是一个新噱头。长期以来，很多企业都只想着赚快钱，只关心短期净利润，更有技术含量的做法是关注每股中期收益。金钱才是王道，在这样的目标的指引下，企业自然就会把员工视为成本，尽可能地压缩，对所有可能的开支进行严格控制，并尽可能简化操作，让整个业务流程变成可预期的常规操作。不过这一切要起作用，必须满足三个前提条件：首先是一切都不会改变，其次是员工会无条件服从，这两点意味着企业可以进行严格规划管理，最后则是所有东西越便宜越好。

40 年前，在两位美国人约瑟夫·朱兰（Joseph Juran）[一]和威廉·爱德华兹·戴明（William Edwards Deming）[二]的启发下，日本人开始转变思维方式。戴明认为，从长远来看，企业要想在商业环境中保持竞争力并永续经营，就必须力求做到产品质量最好而不是价格最便宜，必须认真对待客户并满足他们的需求。他们主张产品质量应该优先于企业利益，不过也认为，只有人人都相信质量的意义，都努力为之付出，并且首先从自身做起提高自己的工作质量，质量才能达到优秀的水平。当高素质的员工被委以重任，并为整个组织的共同利益积极工作时，质量自然就会提高。戴明在他著名的"管理的十四项原则"中指出，要避免大规模的质量检验，消除恐惧，打破部门之间的屏障，取消对员工训诫的标语和各种量化目标，鼓励人们自我教育、自我成长，推动团队合作和自主思考，并相信一切都可以不断改进。

在竞争日益激烈的商业环境中，组织只有保证其产品或服务质量才能得以生存。以牺牲质量为代价来获得短期利润，只会让组织很快就关门大吉。在我看来，从这个意义上来说质量就等同于组织的真理。质量就像真理一样最终起决定作用。没有谁和哪个组织可以长久生存在谎言中。质量和真理一样难以明确定义，也难以立法保障，它更像一种态度，这种态度现在终于开始对我们的组织产生影响。企业越来越清晰认识到利润的本质，利润只是一种手段，而不是目的。讽刺的是，戴明一直到 80 多岁时才成为西方国家最受欢迎的管理大师，而在 40 年前他开始向日本人传授自己的理念时，日本人当时就听取了他的教诲并做出了改变。

[一] 约瑟夫·朱兰（1904—2008），美国著名质量管理专家，被誉为"质量管理之父"，他对现代质量管理理论的发展做出了卓越贡献。——译者注
[二] 威廉·爱德华兹·戴明（1900—1993），美国统计学家、工程师和管理顾问，以其对质量管理和统计过程控制的贡献而著称，被誉为"全面质量管理之父"。——译者注

　　但是质量来之不易，它需要合适的设备、对口的人才以及匹配的环境。今天，卓有成效的组织正在快速学习，以适应并接受新设备、新人才以及新的以共识为基础的组织文化。这是一种全新风格和气质的组织，不容易进行管理或领导，但在未来以知识为基础的竞争环境中，这类组织文化将变得越来越受重视。我称之为3I组织，只是为了强调它与我们过去所理解的，偶尔也会欣赏的那些组织不同。在过去的组织中，大多数员工只是执行工作而不用思考。但在3I组织中，每个员工既要善于思考也要能落地执行，包括操作机器设备。这给整个组织的运作方式带来了巨大的影响。

智能机器

　　这是智能机器的时代。计算机已经彻底改变了组织的工作方式，而这场革命还将持续下去。一名工人和一台机器人就可以焊接一辆汽车，一台机器人甚至不用人操作就可以给车喷漆。我参观过一家位于比利时的糖厂，那里有270名员工，工作环境相当恶劣。一年后我再次造访，糖厂变成由5个人轮班在铺有地毯的控制室里远程管理，同时设备维护团队随时待命。

　　我们都意识到了这些事情正在发生，也很快习惯了这些变化。比如航空公司可以存储我们的机票预订信息和用餐要求，敲一键就可以把这些内容调出来，再敲几个键就可以让我们立即知道行程可以怎么调整、会产生哪些费用。我们知道超市收银台已经能够自动调整库存，并且可以直接从我们银行账户扣款。我们期望每个国家的电话黄页簿都能数字化，这样通过敲键盘就可以查到大公司的员工名录。我们很乐意从自动取款机里取钱。我们知道那些精明能干的主管可以在自己的电脑屏幕上查看电子表格。我们从新闻里能看到日本的机器人在超市整理货架。我们或许正在机场或是法国北部的里尔[⊖]乘坐无人驾驶地铁，这种情况估计很快会普遍。我们听说第五代计算机能在某种程度上自主思考，而第六代计算机已经有活细胞了。我们大部分人几乎对技术本身并没有什么恐惧，所有这些新技术的发展应该都是为了追求高质量的生活。

要用好智能机器，有时需要脑子灵敏，但有时也需要反应慢点。在本书写作期间，美国一艘战舰在海湾战争中把一架伊朗客机误认为是向自己发起进攻的战斗机而将其击落，调查显示，跟踪飞机的计算机并没有问题，但在紧张的战争环境中，监控屏幕的相对年轻的技术专家误解了计算机给的提示。当时有人说，也许应该让智能计算机自行决定是否开火，或许这样可以做出更好的决策。

肖莎娜·祖博夫（Shoshana Zuboff）[⊜]在《智能机器时代》一书中描述了北美一家大型纸浆厂引入计算机控制生产系统后的员工对话。工人说："15年后工人就无事可干了。技术会先进到机器能自己运行。你只要坐在桌子前，就可以管理纸浆厂的两三片区域，那时候你可能就会感到特别无聊。"

她在书中继续论证，事实上情况并非如此。工人们花了一段时间来适应，通过远程控制来管理工厂，看屏幕而不是去摸管道和捣碎纸浆，每次数据稍稍偏离正常值就得研究半天。操作员会聚在一起测试各种参数和可能性，直到发现原因并解决问题。正如一位操作员所说："现在我碰到的事情以前绝对不会有。有了眼前这些信息，我就会开始考虑如何改进日常工作。此外，既然不用再去手动操作，你就能真正花时间来观察、思考并预测可能出现的情况。"或者像车间主任说的那样："我们要依靠技术来培养

[⊖] 法国里尔在 1983 年开通了世界上第一条无人驾驶地铁，并于 1984 年 5 月正式投入运营。——译者注

[⊜] 肖莎娜·祖博夫（1951 年至今）是一位美国学者和作家，以其在监控资本主义和数字技术对社会影响方面的研究而著称。——译者注

员工的抽象思维。你不能仅仅基于一些有局限的数据就做出决定，必须从不同变量间的相互关系中推导出自己的结论。"你必须开始主动思考。

但是，我也曾看到有人一直盯着机器自动统计药丸数然后打包装瓶。他们盯着机器的目的主要是防止机器出故障，如果机器出现故障，他就会按下红色按钮，停止机器运行，然后打电话求助。有位纸浆厂工人说："有时候我意识到，即使屏幕关了，我也会盯着它看。我已经习惯了，即使屏幕上面什么都没有，我也会继续盯着。"

智能机器可以把人变成不用动脑子的监管者，但智慧型组织会把计算机和机器看作聪明人的辅助工具。再次引用肖莎娜·祖博夫书中一位经理的原话："过去我们从不指望他们了解工厂如何运行，只要会操作就行。但现在如果他们不知道工厂运行背后的原理，那怎么能期望他们理解这些新的计算机系统中的变量以及各种变量之间的相互关系呢？"

祖博夫更愿意把自动化和信息化区分开来。自动化以智能机器为中心，目的是替代或减少人力。信息化组织也使用智能机器，但更多的是靠人机交互，让那些有能力的员工与智能机器打交道。短期内自动化会带来回报，但长期来看信息化更胜一筹，因为组织的思维能力或"智力水平"将得到提升。在这种愿景下，组织里的员工既是同事又像同学，组织的思维能力就成了最宝贵的资源，而不断提升这种能力则成为组织的主要任务。这样的组织确实有点像企业大学。

艰难的经济环境下的现实情况意味着：

- 如果组织要像以前那样有效运营，就必须持续不断地投资智能机器。
- 为了让机器产生最大价值，必须安排更多有技能且善于思考的员工来操作这些机器。

● 需要提高员工的薪酬待遇，所以这类人才要尽可能少而精。

这就给组织的核心带来了压力，这种压力可以用一个新的公式来总结，就是只用过去一半数量的员工，支付两倍的薪资，达到三倍的工作效率。一旦你开始接受这个公式，它就会带来一种内在动力。为了实现三倍的工作效率，智慧型组织将为它们的员工配备所需的技术辅助工具，无论是车载电话、家用电脑、将语音转化成文本的音频转换设备，还是能够替代人进行初步分析的专家系统。组织也期待这些富有智慧的员工专注于工作（这里没人有闲工夫），并投入足够多的时间和精力保持领先地位，不断学习，从而确保自己有能力不断进行思考。

新型人才

新型组织需要新型人才来运营和管理，这些人要具备新的技术和能力，他们的职业模式也跟以前不同。有意思的是，这类人里面女性更多，这并不是因为组织突然就对性别平等产生了热情，而是因为组织渐渐发现，如果在招才选将时把一半人口排除在外，就会面临人才和技能的短缺。

我参观了日本的一家新兴企业。这是一家女性时装公司，设计、制作女性时装并销往全球，不过我发现实际上服装是在中国台湾制作完成的（日本也同样受制于劳动力成本）。在参观过程中我注意到，在办公室尤其是设计部门，女员工的比例非常高，而且她们并没有穿着日本办公室里常见的职业套装。"她们可以穿牛仔裤和 T 恤上班吗？"我问。陪同我的人摇了摇头，略带不屑地说："她们不应该这么穿，这不符合惯例。不过她们是设计师，我们需要她们的才华，不得不随便她们怎么穿。"连日本这样一个男性高管居多的地方都这样，其他地方将来也会如此。

在英国，未来 8 年估计将有 80 万女性加入职场大军，几乎相当于英国总体净增的工作人数。换句话说，女性们将承担很多新的工作，无论是现有的还是将来的，而不仅仅是超市柜员助理这样的兼职工作。这里面很多人都是重返职场，受过良好教育的高素质女性。

我们发现，组织一方面需要各种高智商、高素质人才，另一方面又面临着人才短缺，主要缺少受过良好教育、综合素质高的年轻人。这两种因素加起来给组织带来了很大的压力。有人建议想办法把非洲、中国和印度的知识精英吸引到西方国家。但明显的是，组织应先利用好他们家门口的大把人才，也就是家中有孩子的已婚女性。

但是即便在日本，人们也发现这些女性并不希望成为女强人，她们希望企业能正视她们既要工作又要抚育孩子的需求。仅仅在办公场所提供托儿所是不够的。这些女性需要更灵活的工作方式，当不得不待在家里的时候她们可以居家办公，而且没有必要所有工作都全勤待在办公室来完成。她们希望按照自己的方式和节奏工作，只要能保质保量按时完成工作即可。

三叶草组织、联邦制组织、远程办公和工作中心，这些都是为在职母亲量身定制的。组织为了吸引更多的在职母亲进入其核心，不得不向这种组织类型转型。随着时间的推移，在职父亲也会和在职母亲一样，工作方式更加灵活。

我在英国报纸上看到一张查克家的合影，这对年轻夫妇有三个小孩。父亲住在乡村居家办公，主要从事图书和一些小型教育产品方面的设计工作。"如今没有必要到城市工作，"他说，"我喜欢乡村的空间和自由。"现在孩子们都已开始上学了，他的妻子想回去做她刚结婚时做的护理工作，她说："我在医院上班必须得灵活，这样才能安排好时间，工作家庭两不误。"查克夫人，医院肯定会同意的，因为要是它们不同意，就请不到有你这样技能的人。

3I组织与其他组织最主要的区别在于，它越来越意识到组织核心中的每个人都必须既是管理者又不限于做管理者。核心缩小后，核心人员就要更加灵活，承担更多的责任。组织希望每个人不仅在某方面表现出色，而且拥有自己的专业技术特长，还能很快承担起财务、人事或项目相关的职责，甚至需要三者兼具，换句话说就是管理类工作。曾经，组织会给少数既定人选安排一条从"管理骨干"到"管理培训生"再快速晋升到组织高层的职业发展路线。我曾是这样的管理培训生之一，组织希望我承担的唯一角色就是"管理者"，而其他人会成为专家和主管。未来组织核心中的每个人都应该是管理者，既有个人能力又能指挥管理。

在美国最近出现的高科技企业里，"管理者"一词开始退出舞台，人们不再是"管理者"，取而代之的是"团队领导""项目负责人""组织协调者"，更通用的是"执行者"。他们参加高管培训项目，不过主题依然与管理相关。这些名词背后有深刻的含义，再次标志着人们改变了态度，并以新的方式看待世界。毕竟"管理者"隐含的意思是有人要"被管理"，意味着组织里分三六九等。就逻辑而言，组织只有"管理者"是不可能的，但是可以全部是"执行者"。

这种思维方式的转变影响巨大。在组织里，"管理"不再象征着地位与层级，而是一种活动。人们可以定义这种活动，也可以传授、学习和培养这种活动所需的能力。重新定义什么是"管理"，给"管理"这个词赋予了专业色彩。至少以前英国没有这样过，管理有点像为人父母养育孩子，这个角色非常重要，但并不需要培训、准备，也不需要任何资格认证，言下之意是，要做好管理只能凭经验，是否适合做管理工作也只能看每个人的性格。当我们说一个人要去学习"管理"（management），这个时候"管理"作为名词象征着地位，这在某种程度上意味着这个人还没达到做"管理"的程度。但是，如果用"设法完成"（to Manage）来描述一项活动时，那就是个非常普通的词汇，可以理解为"应对处理"或"想办法解决"，就像你对朋友说"你今天应付得怎么样？"（Did you manage all right today？）或"你想办法把它搞定了吗？"（Did you manage to get it working？）。

新的面貌

1987 年的两份报告对英国的管理人才教育进行了严厉的批评，认为英国在本国管理人才的培养方面相比其他主要工业国家存在诸多不足。与管理人才相关的遗留问题依然存在，其中一些差异尤为显著：

- 在日本和美国，大约 85% 的高管拥有学历，而在英国这一比例只有 24%。

- 1987 年，英国只有 1200 名 MBA 毕业生，而美国有 70 000 名。

- 美国最大的 300 家公司中，有近一半每年为它们的管理者提供 5 天的在职培训，而在英国（除了一些明显的例外）这一数字只有不到 1 天。

- 在德国，大多数的未来管理者在进入公司之前，会经历学徒期、服兵役以及 6 年的大学教育，直到 27 岁才会加入公司，而受过良好教育的英国人在 22 岁时就加入公司了。

这两份报告只是证实了人们长期以来的猜测：与其他国家的管理者相比，英国的管理者很"业余"，虽然这些"业余"管理者可能很有才能，但是新型组织需要更优秀的人才。

这两份报告立刻得到了企业领导者和年轻人的积极反馈。人们对MBA学位的兴趣瞬间高涨，企业也纷纷将其发展计划与某种形式的资格认证挂钩，并普遍接受这样的观念：与管理相关的技术知识和管理能力（报告称之为"商业教育"）可以传授并且应该在年轻时早点学习，而人际能力和概念能力则需要历练。这些新的举措表明，管理越来越被视为一项活动而不是代表组织里的层级。哪怕不是所有人刚开始就意识到这点，这种非连续性变化已经发生。

但是每个人的自我成长不能止步于商业教育和早先获得的资格认证。如果组织中部门的高管想要变成真正的专业管理人才，就必须在早期商业理解的基础上不断学习积累。日本人觉得管理者的人生应该是一个不断自我启蒙的过程，以此来表达学无止境。其实在日本企业，与年轻员工相比，资深人士会花更多的时间去思考和学习、阅读文章和书籍、与专家会面、参加游学活动去了解竞争对手的情况，也会坐下来与下属面对面沟通，仔细倾听他们的想法而不是对他们喋喋不休。

哈佛大学的罗伯特·卡茨教授（Robert Katz）⊖很久以前提出了另外两种管理能力，即人际能力和概念能力。日本人比大多数人更清楚地意识到，这两种能力与前面所说的技术能力同样重要。尽管可以在课堂上进行讨论和争辩，但这两种能力都无法在课堂上传授。人们需要通过实践来培养这两种能力，要吸取别人的评价进行改进，要参考榜样来学习。大多数人很

⊖ 罗伯特·卡茨（1924—2010），美国著名管理学者，以其提出的管理能力理论（包括技术能力、人际能力和概念技能）而闻名。——译者注

难掌握这两种能力，需要花精力去培养。

新型组织的关键在于，在组织核心的每个人不仅要拥有特定角色所需要的专业知识，还需要了解业务，具备分析问题的技术能力以及人际能力和概念能力，而且还要时刻更新这些能力。管理者必须兼具这三方面的能力。日本人通过职场导师制度来确保人员的能力建设，至少在职业刚开始的阶段是这样。美国人的理念则是主要靠个人积极主动，同时公司给予支持，这更适合他们的个人主义文化。美国人认为，真正有能力的管理者会自我成长。英国人迄今为止信奉的还是达尔文思想，认为最优秀的人才最终会脱颖而出，但在当下的英国社会，好工作难找，优秀人才稀缺，这种想法就过于落后，而且过于残酷。新型组织希望所有员工都具备这三种能力，但这些能力不是说有就有的。在刚开始的人员招聘阶段就要埋下合适的种子，这些种子还需要在适宜的环境中发芽，通过精心栽培才能成长。智慧型组织必须在各个层级都体现为学习型组织。

美国的大公司每年都会给全体高管提供 5 天脱产培训。英国的一家银行正在积极培养中层管理者，让他们能够更好地运营第五章介绍过的联邦制组织。该银行要求这些中层管理者每年花 9 周时间参加课程学习，这占了他们 20% 的工作时间。也许这些时间没必要全部用于上课，但是鼓励优秀的高管每周抽出一天时间学习，为迎接不一样且更美好的未来做好准备，对新型组织来说并不为过。大学里面一直有这样的传统，教职员工每周空出一天进行研究学习。如果所有组织都将成为某种形式的大学，在它们特定的领域追求真理，建设学习型文化，学习新知识，培养新人才，那么在这些方面投入 20% 的时间绝对不会白白浪费。

新型职业

新型组织只要觉得有必要，一定会想办法留住它们的核心高管。但是这些新型高管不太愿意被组织束缚，特别是当他们有某种资格认证，可以畅通无阻时。这种矛盾的现象有点类似大学终身教职，配得上终身教职的人不需要它，而那些需要它的人却配不上。随着管理工作变得更加专业化，以及更多专业资质的出现，高管们其实开始把自己的职业生涯看成在从事一系列专业型工作，既可以在同一组织也可以跨不同组织。企业也不太愿意为每个人甚至是核心人员提供终身职业保证。签的合同更多的是固定期限合同，岗位任命更多的是与特定的角色或任务挂钩，并不保证之后的晋升。企业聘书里的内容已经反映了这一趋势。招聘广告里体现的更多的是岗位说明，而不承诺未来的职业发展。

对于年轻的新员工来说，职业发展依然还是有保障的。企业聘书中连养老金方案都包含的情况已经很少见了。无论如何，今天的年轻求职者和雇主都不相信一份工作会永久地做下去。实际上现在能保证个人职业发展的企业越来越少，相反它们会承诺提供相应的机会，并帮助你提高自身能力去把握这些机会。现在没人会觉得，在某个地方还有人在帮你考虑未来，关注你的发展，为你规划下一步。这可能一直都是一种假象，现在更少人会自欺欺人。正如美国人说的那样，现在靠的都是"个人主动，公司支持"。

发生这种变化的原因是，一方面市场竞争的残酷现实迫使组织做出改变。组织再也不可能继续养着那些无法完成前期承诺的目标的人。同时，还有一类人的工作可以交给性价比更高的年轻人，组织也没有办法继续保留这批人。另一方面，组织到了很晚才发现，在组织连续工作30年的老员工不能很好地适应日益出现的非连续性变化。

我见到过很多组织一心一意坚持自己的人才培养政策，甚至在 15 岁或 16 岁时就从学校招人，结果 30 年后发现高层出现严重的群体思维现象：同一拨人，想法思路一样，做事方式一样，他们不信任外来者，不喜欢冲突，希望一切都按部就班。之所以会产生群体思维是因为，尽管大家的初衷是好的，但是彼此关系太熟，想法过于接近，所以面对假设不会去质疑，得到事实不会去求证，也不会去探索新的可能，或者干脆就不想有太多争论。在连续性变化下，组织中的群体思维会造就一种强烈的企业文化，给人带来一种家庭的归属感，让人们感受到企业的传承精神和凝聚力。但是一旦面临非连续性变化，这种现象就会导致利润下滑，企业惨遭并购、收购，让这个温馨的大家庭一去不复返。

非连续性变化和新的专业主义相结合，对绝大多数人来说，宣告了传统的企业职业生涯已经终结。新时代的高管必须自我规划，要记得在这个新世界里，你的价值只和你当前的工作有关，未来并不一定有保证。在这种情况下，教育变成一种投资，丰富的经验变成一种资产，前提是这些丰富的经验并不是浅尝辄止。企业不能强制要求员工对企业忠诚，而是要从员工那里赢得个人对企业的忠诚。

个人的职业生涯将因此变得更加多姿多彩。尽管在大企业里仍然有机会追求职业的多样性和个人的进步发展，但是这些企业会进一步走向联邦制架构，它们会把更多的决策权下放给各个部门，而组织中央主要扮演经纪人和咨询顾问的角色，为各个部门提供支持和指导。个人要更加主动地管理自己的职业发展，利用组织提供的各种机会来构建自己的职业生涯。

有些人希望在职业生涯过程中穿插着进行学习。面对这样一个新市场，大学和商学院可能会提供更多的正式教育机会。而其他人，特别是女性，但也不仅限于女性，希望能交替着兼顾工作和家庭，尽管有人会建议同步考虑兼职和远程学习。有些人希望早点踏上职业生涯，在年轻时多多奋斗，这样就有机会在年纪太大之前开启第二人生。还有些人会将组织作为训练场所，到 30 多岁时能独当一面，要么做企业家，要么当顾问，或者成为企业外包业务中的专业人士。大多数人会发现，他们在组织中的职业生涯无论如何都会在 50 岁左右或中期开始走下坡路，那时至少还有 20 年的精彩人生。

新型高管应该是新时代的幸运儿，他们既有经济实力又有个人能力去充分利用工作之外的 50 000 小时。但是他们必须为此做好准备，并且要意识到这一天终将到来。他们需要正视这样的变化，从中既看到机遇也看到挑战。

有家公司最近把大部分广告都用于宣传公司在高管教育上投入了多少时间和成本。这样的宣传并不能保证能从那些受益的高管身上获得直接回报，因为这里面有些人会离职去薪资待遇更好的地方，没有合同可以约束他们让他们勉强留下来，但是公司各个层级的招聘质量都有了明显提高。当一家智慧型组织在新形势下要进一步发展时，这种做法非常有前瞻性，值得其他组织关注。

同意文化

智者更愿同意而不是服从。

有一所大学的商学院在项目组织上有很大的问题。商学院为此伤透了脑筋，就聘请了一位事业有成的企业家来做项目总监。这位商界能手自己做生意赚到了一桶金，希望开拓新的职业领域。他说："我会很快把这个地方管得井井有条。"他给学院教授们写了备忘录，规定了新程序，却没有人读备忘录。他召集的会议也没有人来参加。他垂头丧气地向人请教背后的原因。

"这些人都是独立的个体，"有人给他建议，"你不能只顾自己方便，就命令他们来开会。你必须要跟大家商量所有人都方便的时间和地点。你最好发一个列表，有几个安排可供选择。"他照这样做了，大家果然如约而至，至少大部分人都来了。他向大家介绍了新程序，并宣布将在下个月启用。此时一位老教授和蔼地说："比尔，在这种机构里面，你不能命令我们做什么事情，只能给我们提要求并征求我们同意。"

比尔说："那么，能否请教一下，您觉得我们如何才能把这个地方管理好？"

"等一下，比尔，"老教授回答，"我们聘请你，就是让你来想办法的。但是你提出的办法只有在我们同意的情况下才行得通。如果我们不同意，那么你就得想办法说服我们或者给出更好的办法。你看，在这里要大家达成共识才行，不能发号施令。"

但是这不仅仅因为教师们都是高知人群，之所以没法对他们下命令，实际上往往是因为没有人来指挥他们。我们已经看到，新型组织架构扁平，就跟大学一样，无论哪个部门，高管层级往往不会超过四层。个人和团队的"甜甜圈"都很大，也有很大的自主发挥空间，考核更多的是基于结果而不是过程。每个人都有自己的心理边界或工作空间，这些领地属于他们自己，没有许可不能进入。

大学讲师根据授课表现进行考核，他们对自己的课程或研讨会负责，其他同事只有获得许可后才能参加。新型组织也是如此。

这不仅仅是组织扁平化的问题。新的智能机器才不管什么上下级命令，它们会把信息直接发送给需要的人。智慧型组织不会在它们的信息系统中层层传递信息，造成各种噪声和干扰，而是鼓励把信息直接发送到有用的地方。计算机打破了组织屏障，让每个团队以及每个人都能有效控制自己的"甜甜圈"。

美国的菲尔斯曲奇饼专卖店⊖就是最典型的例子。每家专卖店都配备了一台普通的 IBM 计算机，这台计算机跟企业总部的大型机相连。利用这些机器可以处理以下事情：

（a）制订烘焙计划。计算机会根据过去的统计数据、天气状况以及过去一小时内的饼干销量制订出烘焙计划，每家店会根据计算机给出的计划进行烘焙。

（b）维持库存水平。计算机会通知管理者何时需要重新下单补充库存。

（c）跟高层管理人员沟通。计算机会监控店长们的工作进展，作为他们绩效奖金的依据，同时提供电子邮件服务用于沟通。

（d）进行员工培训。计算机会用来培训员工，让他们掌握升职所需要的知识。

（e）财务统计和汇总。计算机会记录成本、利润和工资单，并为区域管理者持续提供分析。

所以这家拥有 600 家连锁店的企业，⊜在犹他州帕克城的总部只有 130 人。总部的人几乎不会对店长做任何指示，也没有什么事情是他们不知道，需要店长告诉他们的。

⊖ 菲尔斯曲奇饼专卖店是一家美国连锁烘焙企业，由黛比·菲尔斯（Debbi Fields）于 1977 年在加利福尼亚州创立。该企业以其新鲜、手工制作的饼干而闻名，并逐渐扩展到售卖其他烘焙产品，如布朗尼和蛋糕。该企业发展迅速，并成为全球知名的甜点企业。——译者注

⊜ 本书原文是 600 家门店。根据维基百科最新数据，截至 2015 年，菲尔斯曲奇饼专卖店在美国有 300 家门店，在全球 33 个国家有 100 家门店，总计 400 家门店。——译者注

挪威数据公司（Norsk Data）[⊖]的首席执行官总结道："就跟日本一样，我们采取的做法是集体达成共识。要在合适的级别做出决策，不一定要在高层，也不一定是基层，而是要在知识最丰富、人效最高的那个级别。"这意味着管理者必须接受现实，不能把自己的观点强加给下属。他们必须像其他人一样，为自己的观点据理力争。最终采纳的一定是最好的观点，而不一定是来自高层或基层的想法。"

作为《追求卓越》一书的作者之一，汤姆·彼得斯描述了他在尊乐食品（Johnsville Foods）[⊜]访问时的所见所闻。尊乐工作团队的典型表现如下：

（a）自己进行人员的招聘、雇用、考评和解雇。

（b）定期掌握新技能，然后对所有人进行培训。

（c）制定团队预算，并跟踪预算使用情况。

（d）根据业务需要提出投资建议，并准备好所有必要的书面内容。

（e）负责所有质量控制、质量检查以及后续的故障排查工作。

（f）尝试提出新产品、新工艺甚至新业务，并为此开发出原型。

（g）对工作中的一切事务持续改进。

（h）在生产效率、工作质量和持续改进方面自行设定详细严苛的标准。

彼得斯说，这样做并没有给管理层增加太多工作，更何况尊乐食品的管理者或管理层级也不是很多。

关键是你不能光靠命令来运营这样的组织或管理这一类人。一方面，实际工作的人往往要比下命令的人掌握更丰富的信息，另一方面，他们要对工作任务全权负责，所以不会太在意别人的说法。他们需要被说服。以

⊖ 挪威数据公司（1967—1998）是一家曾经总部位于奥斯陆的计算机制造公司。该公司在20世纪70年代到80年代享有盛誉，以其高性能的小型机和相关软件而闻名。——译者注

⊜ 尊乐食品（1945年至今）是一家总部位于美国威斯康星州的香肠公司。——译者注

理服人、达成共识，这样才能很好地管理智慧型组织。这件事情很有难度，有时令人束手无策。特别当你无法说服别人，大家无法达成共识的时候，就更是如此。比尔在绝望中离开了商学院，转而去做林木生意，只需要与树木打交道。

智慧型组织催生了所谓的后英雄式领导。过去，英雄式的管理者无所不知，无所不能，可以解决一切问题。但后英雄式管理者更多的是提出问题，寻求解决方案，通过这种方式培养他人处理问题的能力。这样做并非出于美德，而是不得已而为之。如果所有决策都靠一个人，那组织就无法运转。每个人都必须有能力，否则什么也做不成。后英雄式领导都是通过成就他人来间接获得满足感的，正如传统教师一贯那样。

我们可别理解错了，打造以同意为本的文化，让这种尊重同意的文化在组织中发挥作用，并非易事。在组织里面，并不是有了某个头衔就自动具有权威，权威需要我们努力争取。个人权威并不在于你自己能否把工作做得更好，而在于你能否帮助他人更好地完成工作。在这个过程中，你要培养他们的能力，帮他们与组织其他部分建立联络，有效地组织他们的工作，帮助他们充分利用资源，并以身作则不断鼓励他们。领导者的工作结合了教师、顾问和问题解决专家这三类角色，同时还要兼具技术、人际和概念这三方面的能力。可能有人会说，这可不是普通人干的工作。确实如此，他们必须在这样的环境中成长起来，经过训练和培养之后才能承担这种最令人激动，也最具有挑战性的工作。正如有位纸浆厂工人对肖莎娜·祖博夫所说："如果不让人们成长进步，不让他们自己做出更多决定，那不就是在浪费生命吗？……充分发挥技术的潜力也意味着充分发挥人的潜力。"这肯定没错，难道不是吗？

并非人人都这么认为。按照别人的要求做事情往往比自己决定做什么要容易。选择意味着责任，要对成败负责。充分发挥潜力也意味着全身心地投入。有些人还有别的事情要做，无法做到百分之百投入。还有人要问，如果我的潜力充分发挥出来后仍没达到要求，那该怎么办？以同意文化为基础的组织对人的能力提出了更高的要求。如果能力不够，那在这类组织里面是找不到一席之地可以滥竽充数的。新兴的智慧型组织善用智能机器，崇尚同意文化，但若想工作轻松，偶尔还能八卦，那就不要指望了，不可能在这样的地方混日子。正如英国人所说，同意文化并非人人有份，除非你受过良好的教育并为之做好准备。这是我们社会所面临的挑战。

第三部分

生　活

———

Part 3

LIVING

组织将从此变得不同，这是本书第一部分的主旨。也许本书第一部分应该改名为"组织的衰落"，因为如今看来，未来社会中恐怕只有不到 1/4 的人口会在组织中从事全职工作。

　　组织的变化或衰落是否重要？或许我们认为这无关紧要，只会影响那些在组织内部工作的人，这样的理解有失偏颇。当工作从组织内部转移到外部时（如同当前的趋势），会波及所有的外部人士，也就是我们中的绝大多数人。"你是做什么的？"并不是在问"你做什么工作"，而是在问"你如何打发自己的时间"。工作改变了我们的身份和工作模式，不仅重塑了我们的身份认同，也改变了我们的家庭以及我们在家庭中所扮演的角色。这些变化往往会影响我们生活的方方面面，有时甚至会彻底颠覆我们的生活。

　　未来的社会是否会分化为两个不同的世界，它们有着各自的运行规则，一边是那些高智商、高素质的精英人士，位于组织的核心，另一边则是普通人群，游离于组织边缘，或身处组织之外？甚至位于组织核心的精英人士也会在组织之外度过最后 1/3 的人生岁月。由于大部分人在一生的大部分岁月里都将无法拥有稳定的工作，像养老金和失业救济金这样的传统社会保障机制都将失去作用。我们需要重新审视整个社会赖以生存的经济运转体系和财富分配机制。面对非连续性变化，我们需要从国家层面进行颠覆性思考。

　　教育将变成一项关键投资，人们只有通过教育才有机会获得核心工作，或是掌握在社会安身立命的一技之长。在这种情况下，限制教育资源分配是一种荒谬的做法。此外还有些别的做法同样不可理喻，比如在人们年幼时进行填鸭式教育，认为所有学习都来自课堂，只对年满 18 岁这批人中最聪明的那些人继续进行定向教育，还有就是认为既然少数精英群体需要具备脑力技能，那只有这种能力才重要。面对新的工作世界，我们需要把颠覆性思维运用到教育领域。

如果我们想要充分利用各种可能性，使其发挥最大的价值，或者如果我们不想再用昨天的答案去解答明天的问题，那我们不仅需要改变周围的世界，还需要改变我们自己。随着人类寿命的延长，我们也将迎来不同的人生。成功和成就的面貌将焕然一新。我们将以新的方式定义自己，采用不同的生活方式，树立新的价值观，确定新的优先级。如果我们不做出改变，我们的子女及其后代也将面临同样的挑战。世界在不断变化，而我们必须融入其中。我们需要明白变化是如何发生的，是什么推动了这些变化，又是什么阻碍了它们的发展。我们需要将其转化为积极的力量，而不是负面的影响。我们要从中收获学习和成长，而不是遭受损失和伤害。

令人担忧的世界

如果下一代人所从事的大部分工作加起来仅占据人生中的 5 万小时，相当于 25 年，而不是 10 万小时，那在正式工作之外，我们每个人都会有更多的时间和空间，尤其是考虑到我们都将活得更久。这种工作时间的压缩即将发生，而且已经出现在我们身边。这倒不是由于某种神奇的分配机制发挥了作用，而是因为各个组织都在研究如何更有效地利用我们的零碎时间。过去人力成本低，组织可以任意挥霍我们的时间，甚至白白浪费，而且周围其他组织都这样。但如今，随着企业竞争加剧、人力成本上升，组织在人力使用方面变得更加谨慎。新技术的发展和新的组织形式让组织可以更精细地利用时间。只用一半的人力，付给双倍的薪资，让员工付出双倍的努力，产出三倍的成果，这种做法非常划算。

这看上去的确很划算，但是如果我们没有经过深思熟虑，可能就会造成一种啼笑皆非的后果。一半的人加倍努力辛勤工作，而另一半人却无所事事赋闲在家。这种前景令人担忧。新富阶层将没有时间和精力享受他们的财富，有闲阶层则是社会底层人员而非顶层精英。这真是一个颠倒的世界。

从很多方面来看，这一现象都令人忧心忡忡。我们的社会将痴迷于如何创造财富，但几乎很少考虑如何使用并分配财富。最终，每个社会让后人所铭记的都是它如何使用财富，而不是如何获得财富。今天，我们对古代伟大文明的认识都来自古人利用财富创造的伟大成果，有他们留下的座座丰碑、令人叹为观止的建筑奇迹、造福于民的市政工程、流芳百世的艺术杰作、波澜壮阔的胜利战争、桃李芬芳的教育成果以及意义深远的社会改革。我们的组织追求卓有成效，必然是为了实现更加崇高的目标。但是如果富裕阶层既没有时间，也没有心思去合理运用财富创造价值，那么我们的社会最终将沦为一个只知道索取而不懂得付出和创造的畸形社会。

我们的社会可能会变成一种新型仆役社会，会有一大批人专门服务于那些忙碌的富裕阶层，为他们准备餐食、修剪花草、开车或处理其他杂事。他们可能会称自己为小微企业，把他们的"新型主人"称为客户，不过他们对"新型主人"的依赖与过去的仆人相比没有什么差别。而且因为这些"新型仆人"是自由职业者，算不上员工，所以"新型主人"们也没有义务来替他们的未来着想。

这个社会可能会出现极为严重的两极分化。少数人在组织的庇护下享受着美好的生活，但绝大多数人都在组织之外过着艰辛孤独、受人剥削的生活。如果组织将主宰这个社会，那么受过良好教育的中产阶层专业人士将会安居乐业，而受教育程度较低的人将注定永远被排除在外。

当缺乏高素质人才时，组织并不一定会采取更灵活的做法，反倒可能会丧失灵活性。它们会用高薪和奖金锁定少数关键人员，但对自由职业者或兼职母亲却关上大门。这种做法会令组织付出高昂的代价，会给组织带来很大的风险，但与此同时，这种做法在短期内更具有操作性，所以可能也更具有吸引力。这种用人策略会在一段时间内加剧组织内外部人员的差距。那些适应力强的组织会表现得非常出色，但不是所有组织都能适应这种状况。

这可能是个"老而无用"的世界，因为组织不再需要上年纪的员工。一个人刚刚年过 50 就被认为是"上年纪了"。"富而无用"和"穷而无用"相比，也不过是五十步笑百步。当一个人从 110% 的超负荷工作一下子变得无所事事时，落差感尤其明显。

社会的两极分化可能会造成人们之间的相互嫉妒。穷而有闲的贫困层会嫉妒那些忙忙碌碌的富裕层，而那些终日忙碌的富裕层也会嫉恨那些无所事事的贫困层，因为他们要掏腰包去接济这些新的有闲阶层，这些人穷而有闲，有着大把富人们渴望拥有的时间。

莫琳·达菲（Maureen Duffy）[一]在她的科幻小说《戈尔传奇》（*Gor-Saga*）中，以基因实验为背景，描绘了一个科幻世界。书中的英国社会分化成"专业工作者"和剩下的"无名无姓者"两个阶层。专业工作者居住在智能化的城镇小区，有专门的门禁控制，出入需要通行证，他们在位于园区的办公室和实验室工作，四周都有高高的铁丝围栏。而无名无姓者全部由国家供养，生活在单调沉闷、充满规矩的世界。城市和乡村里处处都是游击队掌控的禁区。

我一直以为这些内容都是虚构的，直到有天晚上我开车去萨里郡（Surrey）[二]的花海圣地参加晚宴。当开车进入主人的私家花园时，我发现入口处有一道大门拦住了去路。我不得不表明身份，才被允许进入。晚宴上，当讨论未来的可能性时，坐在我右边的女士说："肯定是这样的，社会肯定会分化成精英阶层和普通阶层，而你和我，"她很客气地将我归入精英阶层，"必须准备好每年为那些普通人在布拉瓦海岸（Costa Brava）的两周假期买单。"开车回家的路上我在反思，也许科幻世界的故事并非都是虚构的。

[一] 莫琳·达菲，英国小说家、剧作家和诗人，以其社会评论和实验性写作风格闻名。——译者注

[二] 萨里郡是英格兰东南部的一个郡，位于伦敦以南，是英格兰最古老的郡之一，历史悠久，文化丰富。萨里郡以其风景如画的乡村、美丽的丘陵和繁茂的森林而著称，是伦敦市区居民喜爱的居住地和度假胜地。——译者注

这是一个两极分化、单调乏味的社会，奉效率为圭臬，由专业人士主导。这样的世界真的会到来吗？如果我们愿意让组织主宰我们的生活，如果所有的意义、地位和财富都只来源于"工作"，如果只有那5万小时才真正重要，如果本书只有前半部分才真正值得一读，那么这样的世界就会变成现实。

组织是必不可少的，优秀、高效的组织同样至关重要。即便工作时间被压缩至5万小时或者25年，对于个人和社会而言，工作依然有着不可替代的意义。但是这种新型组织既可以束缚我们，也可以解放我们。如果我们不跳出传统组织框架，局限在5万小时的工作之内，那我们将会错失重大良机。现在，有史以来第一次，我们总算有机会重新定义工作，以适应我们的生活，而不是让生活被工作所左右。错失这一良机，那就太可惜了。

未来可能的世界

调整工作来适应生活就意味着，首先必须把更多工作转移至组织之外，使我们更多地控制工作。这种情况已经出现，但目前还不普遍。让组织去管理外包工作和自由职业者总是更麻烦一些。从某种程度上我们已习惯了组织应该也有自己的"家"，即专门的办公场所。人们似乎总喜欢把办公室与家分开，在两者之间切换，尽管严格意义上这并没有必要。有家专门从事电话销售的小公司坚持要求它的电话销售员来办公室上班。大家欣然接受，毕竟人人都是这样。但是考虑到办公空间成本、喝咖啡与闲聊的时间以及缺勤者的不便，所有这些成本加在一起，老板们却得再三思考。

工作与生活并非一直都是这样泾渭分明。我从小在爱尔兰乡村长大，那里除了银行和磨坊之外，没有哪个组织有专门的办公场所。我印象中认识的人里面也几乎没有谁要外出去上班。做买卖的就住在自家店铺楼上，老师就住在学校旁边，农民就住在农场里，大夫就住在诊所楼上，而牧师就住在教堂隔壁。工作和生活交织在一起，不分上班与下班，也没有工作、生活两个不同的圈子。每个人都是自己过活，而不用为别人扮演什么角色。那时的乡村是人们真正生活的地方，而不是晚上回来睡觉或周日放松的地方。

类似这样的情况会再次出现。据估计，到20世纪末，有1/4的工作人口会居家办公。"居家办公"（work from home）与"闭门工作"（work at home）是不一样的概念。家是我们的港湾而不是我们的囚笼，我们可以走出家门。组织会给我们提供办公会所、工作中心、会议室或者大型的会议中心。我们不必蜗居在自己的房间守着电脑，可以去不同的地方，跟不同的人打交道，还可以参与团队项目和小组任务。我本人也居家办公，但是几乎每天都会外出，而且每次都会去不同的地方。这样的生活多姿多彩，一点儿也不孤单。

如果我们把工作真正从组织中剥离出来，就可以让工作更加符合自身需求，可以自主安排工作计划和工作方式。如果更进一步，以合同形式跟组织签约，从某种意义上变得更像自由职业者，那我们就拥有了更大的自主权。这种情况下，组织的作用退居其次，不再是主导者，而是起到辅助作用。如果仔细想一下，这是一种重要的非连续性变化，会产生深刻的影响。

这种情况之所以在所难免，是因为对组织来说更经济划算。所以在我看来，这是一种必然趋势。我们要把这种必然趋势转化为机遇，抓住机会，重新定义我们的工作，让工作适应我们的生活方式，而不是一直让生活去迁就工作。要做到这点实则不易。突然间，我们有了选择，有了选择就要做决定：是现在起床还是再躺一小时？今天天气不错，下午要不要请假？没有人会告诉你工作是否已经做到位，要不要熬夜把工作做得精益求精？是否敢休假放空一段时间？我们需要重新审视我们的工作和生活方式，寻找一种更加平衡、更加人性化的生活方式。

选择与责任总是相伴而行。个人获得了更多的自由，但也可能会因为敷衍了事、言而无信、懒散拖沓而滥用这种自由。组织获得了更大的灵活性，但也可能会通过压榨外部人员、减少福利和降薪减薪来滥用这种灵活性。如果想让组织之外的世界变得更加美好，那每个人都必须意识到自己可以选择，也肩负着责任。不过他们可能做不到这一点，这正是机会中隐藏的风险，也是为什么这样的世界依然只是一种可能。

将更多的工作从组织内部转移到外部，给我们带了部分机会。更重要的是，我们的生活需要逐渐摆脱对组织的依赖。这种变化正在发生，无论我们是否情愿，都已不可避免。我们的父辈曾认为，在一个组织中奋斗 10 万小时（将近 50 年）是理所应当的。而我们的子女只会在这样的正式组织中花费一半时间，无论是将这 5 万小时压缩在 25 年内，还是细水长流地分布在更多的年份里。

那些未被利用的 5 万小时，或许是我们发掘自身潜力的机会。我们可以借此探索新的才华，丰富平凡的日常生活，结识新的朋友，或掌握新的一技之长。如果我们能积极应对这种情况，设计合理的报酬机制，有偿利用这些时间，这些额外的时间将不再是堆积的闲散时光，而是为社会带来巨大贡献的资源。首先，我们需要重新定义"工作"的内核，认识到工作超越了"岗位"本身。那种"小人闲居为不善"[⊖]的古老观念早已过时；实际上，正是我们内心深处的本能驱使我们想要为世界做出贡献，想要在某种程度上对他人产生影响，找到每天早晨起床的理由。

这样看来，工作赋予了人生意义，给我们的日常生活带来了模式和秩序感，也让我们有机会结识新朋友。人生意义、生活模式和人际关系，这是生命的三大核心。但奇怪的是，近年来工作一直被人们所诟病，以至于人们会向往一种没有工作的理想生活。这确实令人感到悲哀。

工作之所以饱受诟病，是因为它渐渐只意味着"谋生"，许多工作充斥着为他人辛苦劳作的无奈，许多工作看不到什么意义，似乎也缺乏明显的目标，即便是复杂的组织，也无法为人们提供内在的满足感。这恰好给了我们一个宝贵的机会，可以重新将"工作"融入生命的核心。我们的确需要运用一些颠覆性的思维来重新定义工作，也许能让"工作"两个字承载更多积极的意义。

⊖ "小人闲居为不善"，出自《礼记·大学》。原文 " It is not the devil who finds work for idle hands to do" 的字面意思为：闲居无事者，恶魔找上门。——译者注

Chapter 7

PORTFOLIOS

第七章
组合式人生

重新定义工作

要重新定义工作，充分赋予其意义，就需要用到另一个词，那就是"组合"（portfolio）。当然这个词并不新鲜，艺术家有作品组合，建筑师有建筑组合，同时我们还有股票投资组合。组合是各个部分的集合，但这个集合有一个统一主题，这样就会带来整体大于部分之和的效果。股票投资组合要综合考虑风险、安全、短期收入和长期收益，以适当的比例组合各项投资，从而实现整体平衡。艺术家的作品组合则是把某种艺术才能以多种多样的形式展现出来。

"工作组合"（work portfolio）描述了我们生活中的各类工作该怎样有机

融合为一个平衡的整体。爱德华·摩根·福斯特（Edward Morgan Forster）⊖称那些生活只有单一维度的人为"扁平人物"（flat people）。他更喜欢"圆形人物"（round people），也就是那些全方位发展的人士。现在我称他们为"组合型人士"。当你问他们做什么时，他们会回答："要是全部都讲的话得花一些时间，你想听哪一部分呢？"随着组织形式的彻底改变，我们早晚都会成为组合型人士。这可是个好消息。

组合的类别

工作组合包含五大类工作：**薪资工作**和**收费工作**，这两类是**有偿工作**；**家务工作**、**义务工作**和**学习工作**，这三类是**无偿工作**。

它们的定义和区别显而易见但非常重要。最重要的是有偿工作和无偿工作之间的区别。最近，无偿工作在工作组合中往往会被人们所忽视。

薪资工作按照付出的时间领取报酬，而收费工作基于交付结果收取费用。职场员工从事的是薪资工作，而专业人士、手工业者和自由职业者从事的是收费工作。随着工作越来越多地从组织内部外包出去，收费工作也变得越来越普遍。甚至现在一些组织内部人员在领取薪资的同时也能获得额外报酬（比如奖金）。

家务工作包括在家做的所有事情，洗菜做饭、清洁打扫、照顾老人和孩子、修理家具以及外出购物。无论心甘情愿还是勉为其难，这些都是要做的工作。

义务工作是在家庭之外为慈善机构、当地团体、邻里社区做的无偿

⊖ 爱德华·摩根·福斯特（1879—1970）是英国著名小说家和散文家，以其对社会和人际关系的敏锐观察著称，代表作包括《霍华德庄园》（*Howards End*）和《印度之行》（*A Passage to India*）。——译者注

奉献。

对我来说，严肃认真地学习也是某种形式的工作，并不算消遣。运动训练、技能训练、掌握新的语言、了解新的文化，以及花大量时间阅读他人作品为自己写作做准备，这些都是学习工作。

对我们大多数人而言，过去的工作组合中只包含工作这一项内容，至少对男性来说是这样的，或者说，就只有他们的事业。但仔细一想，这是一种冒险策略，风险很高。现在很少有人会把所有资金投入到单一资产中，但很多人在生活方面却是如此。工作就是我们唯一的资产，必须超负荷运转，因为我们在上面寄予了太多期望——工作兴趣、工作满意度、有趣的灵魂、优秀的伙伴、安全感、个人财富、发展机遇以及个人追求的实现。这么多年来，人们希望从工作中获得的东西都差不多，问题在于我们希望一份工作能满足所有需求。现在来看，难怪这么多人感到失望。

对于在三叶草组织中做核心工作的人来说，情况不会有明显改观。因为核心工作的压力会更大，需要投入更多的时间与精力，要更积极地参与到工作中。所以这份工作将会占满整个工作组合，根本没有空间留给其他事情。只要他们继续留在核心，有时候连家里的事都顾不上，也别想着娱乐放松。

5万小时表达的意思已经非常明确。这些高强度的核心工作不会像过去那样持续很久，甚至达不到现任在岗者的期望年限。这肯定算得上年龄歧视，但我们会意识到，未来的知识型组织确实需要年轻人来胜任这些高强度工作。游泳运动员在十几岁时就达到职业巅峰，网球运动员是在接近30岁的时候，国际象棋选手是在30多岁，记者是在40多岁。谁知道那些超过而立之年的金融交易员会怎样？我们必须习惯接受这样一个事实：大多数职业中的全职高管或专业人士在四五十岁后就会逐渐走下坡路。但是如果你认可前几章的内容，那每个人在自己的位置上都可以成为"执行者"或"专业人士"。

当然也有一些精彩的例外。有些人在职业生涯巅峰过后会去承担教练、导师或者管理者的角色，培养那些未来之星，他们用自己的经验而不是去拼体力。但这类凭经验的工作只适合兼职去做。正如我朋友的合伙人对他说的："约翰，我们非常看重你的经验，也希望你能过来指导，不过只需要请你周二来一趟。"最优秀的网球选手不一定都能成为最出色的教练。在那些将人才作为唯一资产的组织中，我们已经看到了这一现象，例如广告、咨询和设计公司。越来越多高强度、需要拼体力的岗位正转向三四十岁的人，而那些经验丰富的老专家则只需要"周二来一趟"。

组织核心人员只有在放下全职工作以后才能充分开启多元化的工作组合。他们遇到的最大的困难实际上是从只干一份工作的单一组合，转向兼任多项工作的多元组合，而不是无所事事的空心组合。这种转变通常是带有个人色彩的非连续性变化，在这个过程中可以用上颠覆性思维。不过很多核心人员都秉承他们脑海中唯一的工作理念，也就是组织里的全职工作，他们觉得上班领工资才是最好的。

有一天，威廉来找我，他当时 48 岁，是一家大型广告公司的资深客户总监和董事会成员。董事长刚跟他说，大家觉得他应该"动一动"了，请他在年底前离开，但可以领一年的薪水，公务用车送给他，另外还有一些其他补偿。真是个非常慷慨的离职大礼包。

"我要再找一份工作，"威廉说，"你有什么建议吗？"

"你哪方面比较在行？"我问他。

"我不知道，真的。估计是在广告公司带销售团队吧。"

"要不你这样试试，"我说，"找 20 个对你很了解的朋友，问问他们觉得你哪件事情做得不错，工作和生活上的都可以。就这样，不用对你的个性做评价，只说他们跟你打交道时觉得你做得不错的地方。"

"好吧，我来试试。"他说。

毕竟，对一个含蓄内敛的英国人来说，这件事还是有一定难度的。不过两周后他又来了，看上去有些困惑又挺开心。"你看，这就是那 20 件事情，全列在这里，"他说，"有些挺出乎我的意料。不过有意思的是，"他补充道，"完全没人提带销售团队的事。""也许你真该动一动了！"我说。而他毫无笑容。我们仔细看了他列的内容，也讨论了许多办法看怎么发挥他的才能，不过都是些小打小闹的事情。比如创业做个小公司、参加志愿活动、教教课、自己学点儿东西或是写点儿东西。不过这里面没有哪一样单独拿出来算得上一份正经的全职工作。他依然没有露出笑容。

最后他还是回到了广告公司，没有做客户总监，而是在另一家较小的广告公司当行政主管。这是份正经的工作，但我估计用不了几年他还会回来找我。也许到那时他才会相信，要充分发挥自己各方面的能力，广告公司的全职工作并非唯一或最佳选择。我们都是时代的宠儿，更确切地说是上个时代的宠儿。在那个时代，职业生涯的非连续性变化还不存在，由各种工作组合而成的多元职业生涯也尚未出现。

但对于目前位于组织核心的人来说，他们很有可能会在 55 岁左右就遇到工作上的非连续性变化。而他们的子女可能会在 50 岁出头甚至更早就面临这种情况。到时候也不会有太多其他的核心工作可供选择。不管是否情愿，从核心岗位退下来的员工将不得不开启组合式生活。完全不工作是不行的，长期失业的人都会向你证实，这样的生活没有任何意义。如果沉浸在回忆中不可自拔，那生活就会蒙上一层灰。

社会风气已经开始改变。曾经人们还在悄悄讨论"提前退休"。对许多人来说，结束工作也意味着人生走到了尽头。不过现在你会听到许多人炫耀自己如何"争取能够提前退休"。"提前退休"已经成了一个纯技术用语，表示人生已经解放或是即将迎来新的可能。当问这些人接下来会做什么时，他们不会说要继续上班领工资，他们考虑更多的是别让自己闲下来。比如做些小的无偿奉献，重拾过去的爱好，发展新的事业（义务工作），帮忙多做些家务或多带带孩子（家务工作），此外还可以培养新的兴趣（学习工作）。他们没把这些看成工作，但其实应该也算工作。他们创造了一种新的组合，在此过程中重新定义了自己，也重塑了自己的生活。提前退休这个说法确实不适合他们。

其他人会以别的形式在工作组合之间保持平衡。并非人人都想为别人每周工作 45 小时，甚至更长（尽管有位英国政府官员最近提到她每周的工作时间长达 100 小时），而且从统计数据来看，半数从事有偿工作的人根本做不到这一点。他们的工作组合将更加多元化，有时会是两份或更多的兼职工作（近 100 万英国人正式宣布有两个工作），有时会在家里通过提高自给自足能力减少开销而不是去赚钱。家务工作往往也是一种收费工作，只不过是自费罢了。对许多人来说，一些零碎的工作或是兼职性质的自由职业是他们生活中重要的部分。在他们眼里，这些"外快"就相当于零花钱，可以用来给孩子买礼物，也可以用来度假。英国有关部门称之为打零工，认为这是非法的。当然这具有两面性，情有可原，但也是非法的。

很多女性有了家庭要照顾以后就不得不放弃有偿工作而承担无偿工作。随便问哪个女性，她都会告诉你，家里的事情就跟上班一样，不管她多么喜欢持家。可以理解的是，许多女性都希望这份工作得到应有的认可，简单来说就是希望获得经济上的回报，但这就陷入了"只有有偿工作才算数"的传统观念。随着越来越多的男性重新平衡他们的工作安排，女性将会有越来越多的机会把部分有偿工作融入她们的日常生活。实际上，正如我之前提到的，企业越来越需要这些女性和她们所具备的技能。此外，新技术的发展和新的组织形式也让她们更容易将这些有偿工作融入生活。

工作中的多元组合并不是什么新鲜事。小公司有自己的产品组合或客户组合，大公司有小公司组合。越来越多的人开始在组织外面从事有偿工作，或是有很多工作被组织外包了出去。随着这种趋势的出现，人们在种种压力或吸引之下成立了自己的独立小公司。他们收取费用，不拿工资，所以必须发展自己的客户组合和活动组合。

如果从客户或产品组合出发做进一步分析，就会很容易发现：有些客户是免费服务的，有些产品或活动也跟金钱不相干。这样就会把无偿工作纳入每周或每年的计划。无偿工作者本质上就是组合式工作者。就像职场母亲，有很多事情要占用她们的时间，所以她们总要在各种事情上辗转腾挪。而且她们知道并不是钱少了，责任就轻了。无偿工作和有偿工作一样重要。

对外收费的专业人士都懂得多元组合的道理。手工艺者也是如此，特别是那些自己独立接单的师傅。管道工、电工、纺织工和陶工，他们都要面对各种需求，协调他们的时间，就跟每个母亲一样，他们必须在各种需求之间找到平衡。客户太多，他们就没有时间做其他事情，甚至连合同、发票之类的书面工作都顾不上；客户太少，肯定就没法养家糊口。

我们随着机遇扩大自己的组合，但更应该基于选择来扩大组合。我们可以管理自己的时间，可以对有些事情说"不"。不管是家务工作还是收费工作，我们都可以有不同的优先安排。财富固然很重要，但没有必要一味追求财富。知足常乐，够用就行。如果没有精心挑选，组合就会变得太满。当代生活的讽刺之处在于，人们在本应休闲放松的时候反倒忙个不停。

统计每年或每周在组合的各个部分花了多少天或多少小时，不失为一个好习惯。作为一名已经走到人生"第三年龄"阶段的专业人士，我每年的工作组合是这样安排的：150 天的收费工作，其中包括管理工作、文书工作和一些断断续续的客户会议，各项工作收费标准不同；为各种协会、社团和团体服务的 50 天义务工作；还有 75 天用来学习，因为对我的工作来说，学习是必不可少的；最后 90 天是家务工作和休闲放松，其实两者很难区分。

90 天的家务工作和休闲放松看起来很多，但可别忘了，大多数英国人有 137 天假期（52 个周末加 5 周假期再加 8 天公共假期）。讽刺的是，组合式生活的危险之处在于会有太多工作，因为没人会说"今天又不是工作日"。

收入从何而来

收入来源始终是在规划个人工作组合时要考虑的核心问题。答案依然是来自收入组合中的不同部分。组合型人士考虑的是收入组合而不是薪资收入，他们的收入会从不同地方断断续续进来，可能是一笔养老金、一笔兼职收入、一笔劳务费用或是一笔交易收入。他们靠现金流而不是薪水过日子。因为收入和开销都不太固定，所以总得盘算好，要有足够的收入来满足开销。开出发票后，立刻收到现金，然后再晚点儿付账缴费，很多小公司都是这么周转的，组合型人士也一样。

我的朋友珀西从事船舶经纪生意。我们从他的办公室驱车前往他的乡间别墅，路上我问他："你大概能挣多少钱？"我真的很好奇需要多少收入才能过得起像他这样的生活。

"我不清楚。"他说。

"骗谁呢，"我说，"最近挣的 2000，你肯定清楚。"

"没骗你，我真不清楚。"他反驳说。看我一副满脸不信的样子，他问我："你说说看，你们家一年用多少糖？"

"我不清楚。"

"那就对了，但我打赌你家里总得有糖。所以对我来说，钱也一样。我不会加起来算总账，但总得保证进来的钱够自己开销。如果保罗·麦卡特尼（Paul McCartney）[⊖]可以出去打工赚个游泳池回来，那等到不得不缴纳停车罚款时，我也能想办法把这笔钱给挣回来。"

听上去有点儿像场面话，但我慢慢发现所有小公司的老板都是这样想的。虽然在需要应对额外开销时，临时抱佛脚并不是那么简单。

组合式收入是一种思维方式。组合型人士想到的办法就是共享经济。他们交换房子度假，相互照看孩子，把院子里的工具借给别人换取一些瓜果蔬菜，提供免费住宿换取别人晚上帮忙做些文秘工作。组合型人士知道，对于大多数技能来说，只要你想变现，肯定都有办法。如果你喜欢房屋设计，那可以帮别人设计房子。如果你擅长宠物摄影，那可以给别人家的小狗拍照。如果你喜欢开车，那可以帮别人跑腿。需要的话，这些都可以收费，费用收取多少都可以，只要自己觉得合适就行。第一次收费时可以少收点儿，有信心就可以多收点儿。如果根本不在乎，那收不收都无所谓。组合型人士可以把爱好发展成小微生意，做饭做得好也是门技术，喜欢摆弄花草也可以把自家种的花花草草拿来售卖。

可变现的技能和小微生意都是组合型人士必要的收入来源。如果这两

⊖　保罗·麦卡特尼（1942 年至今）是英国著名的音乐家、作曲家、歌手，曾经是披头士乐队（The Beatles）的成员之一。这种表达方式带有幽默感，暗示了尽管自己的经济能力远不及麦卡特尼，但通过努力工作，自己也能处理好生活中的支出问题。——译者注

者还不具备，就得尽快行动起来，最好是在开启组合式工作之前就做好准备。这种非正式收入基本都是合法的，除非没有报税，那才算非法。这种趋势发展得很快，可能也说明了为什么有些国家国民收入的实际支出和上报收入之间有巨大缺口。在美国，这一缺口就高达 100 亿美元。我们可以看到，外包工作以及非正式工作带来的后果正显现出来。

组合式婚姻

每个人的一生中都会有一段组合式生活。很多人会给这段生活配上组合式婚姻。组合式婚姻并不是提倡一夫多妻或一妻多夫，每天每夜换不同的伴侣，也不是鼓励连环式的一夫一妻生活，不断结婚再离婚。组合式婚姻是指当生活组合发生变化时，调整婚姻去适应夫妻在不同阶段的生活需求。

婚姻总要在人生各个阶段进行调整，从抚养孩子到子女长大，再到家庭空巢期，直到最后工作退休。工作场所的新要求、组合式生活的新趋势、高素质女性更多从事有偿工作、居家办公和远程办公日益兴起、更多人选择提前退休、重新考虑第二职业和"第三年龄"，所有这些变化趋势都会对婚姻产生影响。如果婚姻关系不能以某种方式灵活地进行调整，最终就会走向破裂。我们常常可以看到，很多人为了满足生活变化的需求而打破自己的婚姻，反复结婚、离婚或是没有固定的伴侣。

我们可以借助组合式思维来调整婚姻而不用更换伴侣。组合式婚姻与组合式工作还有组合式生活相辅相成，变得越来越重要。这个想法源自多年前我与伦敦商学院的帕姆·伯格（Pam Berger）教授做的一项研究。这项研究对那些在职业生涯中期事业有成的管理者进行了调查，看他们如何在忙碌的高管工作与家庭生活之间做到两者兼顾。

首先还是有必要介绍下研究背景。这批高管都是男性，当时正在参加伦敦商学院的一个长期高管培训项目。当时，他们都是 35 岁左右，在大公司有体面的工作。其中 23 人同意参与这项研究。这个样本很特殊，人数不多，但都事业有成、受过良好教育、婚姻美满幸福（否则他们不会答应参加）。当然这组人的经验不一定就适用于所有的夫妻，甚至都不见得适用于所有高管家庭。但这项研究中呈现出来的婚姻模式对很多人来说看似都有借鉴意义。下面我就来介绍一下。

这些男性高管，我都认识。帕姆·伯格则一个都不认识，所以由她负责所有的个人访谈和问卷调查。通常她会先去对方的办公室见面交流，然后跟他一起回家，见见他的妻子和孩子，接下来会跟妻子单独沟通，最后再和夫妻双方一起交流。受访对象要填一些标准问卷，然后参与访谈，会大致聊聊生活中面临的压力以及自己是如何应对的。我们试着找出这些人兼顾婚姻和工作的实际经验，但发现大家并没有什么共性。然而，我们发现了一组婚姻模式。

这项研究中有一个基于"爱德华兹个人爱好量表"（the Edwards Personal Preference Schedule，EPPS）的问卷调查，用来衡量个体的优先选择和个人偏好。调查结果显示，这批高管和他们的妻子在四个指标上得分非常高。首先是力求成功的成就需求（Achievement）和想要拥有权力和影响力的支配需求（Dominance），这两者高度相关。另外两个就是希望得到他人帮助和支持的求助需求（Succorance）以及希望关照他人的助人需求（Nurturance），这两者也密切相关。而有意思的是，后两个指标得分高的人在自主需求（Autonomy）这个指标上，也就是喜欢独立自主、自己做自己的事情方面，得分很低。我们将这些得分映射到图 7-1 所示的二维分析图上，用"X"标记出 23 对夫妻中每个人在图上所处的位置。

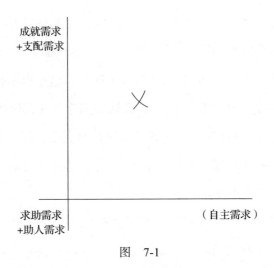

图　7-1

然后我们将图分为四个象限，并给它们命名，如图 7-2 所示。

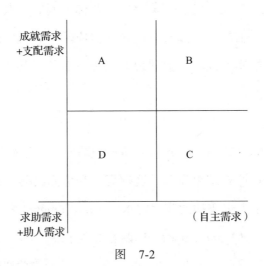

图　7-2

为了增加研究的趣味性，我们给四个象限分别命名，如图 7-3 所示。B
代表典型的西方男性，追求成功，支配欲和自主性强，但没有太大兴趣帮
助或关心别人，我们称这个象限的人为"开拓者"。相对来说，A 象限的人
虽然也追求成功，有较强的支配欲，但却乐于助人，在自主需求方面得分

低，我们称 A 象限为"奉献者"。C 象限的人叫作"独行者"，因为他们除了自主需求之外，在所有其他方面得分都很低。D 象限可以认为是"守护者"，因为他们在助人需求和求助需求两个方面得分很高，但是对成就感和支配欲没什么兴趣。

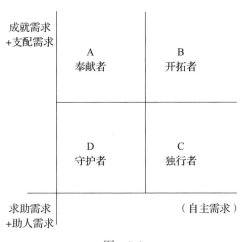

图　7-3

有意思的是，传统意义上最成功的人（在薪资和职位等方面）都属于"开拓者"。超过一半的女性都处于象征着"守护者"的 D 象限，但 D 象限里面一名男性也没有。专职牧师和政府机构工作人员位于 A 象限，也就是"奉献者"，只有一名女性（全职工作的妻子）属于 B 象限的"开拓者"。

男女比例如今早已不同。到了如今的 20 世纪 90 年代，参加伦敦商学院该培训项目的高管里面至少有 1/4 是女性。毕竟我们是在 1974 年做的这项研究。当今的世界已经改变，但我们从这项分析中得出的婚姻模式也许并没有改变。

我们在图上做了 46 个 X 标记，分别代表这 46 人所处的位置。当我们将这些 X 按照夫妻关系用线连起来时，婚姻模式就显现出来了。4 个象限理论上有 16 种不同的组合，但这批人里面只显示了 4 种模式，分别如下：

- B—D 型婚姻，丈夫为"开拓者"，妻子为"守护者"（这是迄今为止最常见的模式）。

- A—A 型婚姻，夫妻双方都是"奉献者"（数量上仅次于第一种模式）。

- C—C 型婚姻，夫妻双方都是"独行者"（调查中有 2 对）。

- B—B 型婚姻，夫妻双方都是"开拓者"（调查中只有 1 对，但现在可能更普遍）。

每种模式都截然不同，反映了夫妻双方在当时那个人生阶段的生活重心。当时参与研究的这些夫妻大多数已经结婚 5～10 年，育有 1～3 个孩子，已经自己买了房子。

如果详细描述这些夫妻的生活方式，这些模式就开始具有了画面感。在 B—D 型婚姻模式下，夫妻双方分工明确，各司其职。丈夫负责养家糊口，妻子负责相夫教子。丈夫准备饮料，妻子准备餐食。丈夫打理果蔬，妻子养护花卉。双方都有各自的朋友圈，除了家人以外，没有交集。

在这种家庭里，甚至每个房间都各自派上用场，客厅、餐厅、书房和卧室分得很清楚。孩子们很有规矩，知道何时何地该做什么，只要打个招呼就会上床睡觉。吃饭时的话题只是围绕着生活中的日常点滴，比如，"你妈什么时候来？""吸尘器有什么问题？"，不会有什么深度交流或思想碰撞。他们遇到压力时怎么办？他们会各自独处，男方会打理院子或是打高尔夫球，女方则待在卧室中默默忍受。你看，又是分头行动！有意思的是，这类夫妻通常是老乡，男方比女方大两三岁，受教育时间也多三年，也就是男方上过大学，而女方没有。

这种婚姻模式当时看起来似乎是最保险的，男主外女主内，双方分工明确，一切按计划进行。男方到哪儿工作，女方也会跟随一起，负责照顾好家庭，为男方的事业发展提供坚强的后盾。

A—A 型婚姻则完全不同。这种婚姻模式下的夫妻年龄相仿，受教育程度相当，大多是在大学认识的。在这种家庭中，双方的角色有重叠，房间的作用也不固定。夫妻都有工作，女方往往是兼职。两个人得轮流照看孩子，谁要是饿了就去准备吃的。房间没有固定的作用，厨房、客厅、餐厅和书房都混在一起，卧室也兼作办公室。一日三餐简单随意，孩子都有点儿早熟，当然也可以说少年老成或没什么规矩，取决于你怎么看。

双方的生活你中有我，我中有你。朋友都是一样的，活动也都在一起。用餐时会交流很多想法，有很多思想的碰撞。有压力时都会打开心扉，喝上十几杯咖啡或普通红酒直到夜深人静。第二天起来，带着一丝忧虑又满血复活继续工作。生活紧张有趣，彼此水乳交融。

B—B 型婚姻又不一样。夫妻双方是一对相互较劲的人生伴侣，两个人没有孩子，妻子跟丈夫收入差不多，同样也在打拼事业，两个人旗鼓相当。他们拿着双份收入，过着低调奢华的生活，开着不起眼的小车，用着简单的家具，穿着打扮也很朴素，但其实这些都价格不菲。他们就是当时流行的丁克一族。相比思想上的交流，他们常常为工作上的事吵得不可开交，把压力发泄到对方身上。不过夫妻之间的这种较劲会因为相互间的感情而缓和。他们是友好的竞争对手，所以妻子也会随丈夫一起参加高管培训项目以防自己之后跟不上。

最后一种是 C—C 型婚姻。这类夫妻在年龄、性格和背景上都差不多，他们最想要的就是能够做自己的事情。他们既不渴望成功也不喜欢与人打交道，就喜欢自娱自乐，也鼓励孩子们知足常乐。这种理念在他们的家里也体现得淋漓尽致。没有公共客厅，只有各自的卧室里有椅子。虽然有厨房，但家里每个人都是自己解决吃饭问题。他们各过各的，有对夫妻会精确安排大大小小每件事的时间，例如男方前脚到家，女方后脚就要出门上班，两个人轮流在家照顾孩子。他们说自己过得充实快乐，两个人一起生活在同一个屋檐下，但有自己的边界，甚至少有交流。

我们得出的结论是，这个社会正是由形形色色的婚姻模式所构成。当我们与更多的人交流这项研究成果时，我们反复听到一些相同的声音：

- "这些是特定阶段夫妻关系的特写。要是能看到它们随时间怎么变化，肯定很有意思。"
- "我们刚结婚时是A—A型。生活里各种事情都是一起的。但后来有了孩子，我的工作也更加紧张，然后又搬到了乡下，所以现在是B—D型夫妻。"
- "我觉得我们公司的员工肯定都是B—D型婚姻，因为我们对员工要求很高，他们需要一个后方稳定、不用自己操心的家庭。"
- "孩子出生后我就把工作放了下来。也是迫不得已，因为约翰工作压力很大，帮不上什么忙。不过我希望有一天还是能重新回去工作，再回到A—A型。"
- "你这张图讲的就是我嘛。一开始是A—A型，有了孩子后变成B—D型，孩子离开家之后变成C—C型。上个月我们离婚了，再也不和对方说一句话，现在各过各的。"

- "我们尝试过 A—A 型的生活，不过这意味着两个人都要放弃事业上的发展。要不是这样，我们现在都应该已经升上去了。我也不确定我们是否要继续这样下去。"
- "我们在一年内尝试了所有模式。大部分时候我们是 B—D 型夫妻，有一个人在家带孩子，但到了周末肯定会切换到 A—A 型，事情都是一起做。不过到了夏天，我们两个人的假期又错开来了，所以算是 C—C 型。"

现在我觉得这张图虽然有点儿粗糙，但却很好地描述了夫妻关系的多种可能性。牢固的婚姻关系是柔性的，可以根据需要在不同的模式之间切换。这种组合式婚姻代表了多种可能性。现在，绝大多数夫妻刚开始都是 A—A 型婚姻，在大部分事情上都彼此平等、共同承担。但随着夫妻一方的工作压力变大以及孩子的出生，他们会暂时切换到 B—D 型婚姻。在我们的样本中，即使是双方旗鼓相当的 B—B 型夫妻，在有了孩子以后也会切换到 B—D 型婚姻，显然这也是为妻子着想。

然而，如今并没有太多女性甘愿长期待在 D 象限中扮演守护者的角色。她们体会到了有偿工作的乐趣，而家务劳动既乏味又孤独，所以她们希望把一些收费工作或学习工作与家务结合起来。在理想情况下，她们希望恢复到 A—A 型婚姻，但这需要丈夫放弃一些自主性和独立性，从 B 象限移动到 A 象限。

如果无法回到 A—A 型婚姻，那么 B—B 型的双事业型家庭也是一种选择。不过 B—B 型婚姻需要投入大量的成本和精力，并做好一系列安排，这样才能保证在夫妻双方事业有成的同时小家庭也幸福。如果想保持独立自主而不追求成就地位，就很容易滑落到 C—C 型婚姻。不过 C—C 型婚姻似乎很难切换到其他模式，除非跳出这张图另辟蹊径。

更有意思的是，在双方的组合式生活中，每月、每周甚至每天都可能混合多种模式。真正灵活的夫妻关系可以是周一到周五 B—D 型，周末切换到 A—A 型，假期转到 C—C 型，然后有段时间变成男主内女主外的 D—B 型，由男方做家务带孩子，或者还有其他一些组合。

研究表明，没有哪一种模式是婚姻的最优解，所有模式都是可能的。关键在于夫妻双方要共同了解有哪些模式，这些模式何时会变以及会怎么改变，选择某种模式会带来怎样的后果，以及该模式的代价和收益是什么。如果双方都有意愿，肯定可以一起改变婚姻模式，分居和离婚通常是因为一方想改变，而另一方不愿意改变。

比尔和弗朗西斯结婚 26 年了，孩子现在也都长大离家。比尔 53 岁，正处于事业巅峰，是一家跨国公司的市场总裁。弗朗西斯一直照顾着家庭，支持丈夫的事业，三次随比尔搬到不同的国家，她现在 49 岁，终于觉得有机会发展自己的事业。在比尔的热情支持下，她报名加入了一所艺术学院。在那里，她结识了新朋友，学习了新技能，也培养了新的兴趣。她和朋友们一起旅行，而不再作为比尔的太太出席商务会议。她请朋友们来家里做客，而不是在家招待比尔的同事伙伴。夫妻两个人不再像以前那样每周计划一些共同的生活安排，而是各有各的安排。两个人都忙忙碌碌，老朋友也很少见到他们。突然，一个星期天早上，比尔离家出走了。"我在家像个陌生人，"他说，"弗朗西斯找到了另一个世界，我已经跟不上她了。她对这个家不管不顾，这个家也与我无关。我在这个家里待着也没什么意思，不如再去找个归宿。"

讽刺的是，再过一两年比尔的事业也到头了，他也需要培养新的兴趣。在他们这种情况下，夫妻长期处于 B—D 型婚姻，在回到类似当初认识时的 A—A 型之前，最好能有一段 C—C 型的生活作为过渡。夫妻之间需要一种组合式婚姻，可以在不同模式间切换，从而来匹配双方的组合式生活。但是，如果他们没有意识到两个人之间只有婚姻模式发生了改变，那么婚姻关系就会走向破裂。组合式思维和夫妻间的沟通，两者缺一不可。

赞颂组合之美

零碎的组合式工作与那些体面的全职工作相比似乎矮了一截。这虽然是不争的事实，但它们在别的方面会有很大的加分。1988 年，英国的亨利预测中心对 2000 人的工作态度进行了调查，要求他们按百分比对工作中最重要的方面进行排序。调查结果如下：

1. 对工作内容可以掌控　　　50%
2. 利用知识和经验做决策　　50%
3. 工作内容的多样性　　　　39%
4. 收入水平　　　　　　　　35%
5. 与人交往并结交朋友　　　21%
6. 工作受人尊重　　　　　　19%

与大多数全职工作相比，组合式生活更加符合这些调查对象的态度。虽然没有光鲜的头衔以及相应的光环，但看上去也没有人在意这些。收入水平也不是那么重要。有人可能会觉得组合式生活非常适合那些有一定经济实力且工作稳定的成功人士，要是没有足够的经济基础和稳定的工作，组合式生活就显得特别没有安全感。确实如此。组合式生活在人生的"第三年龄"阶段最容易实现。大部分人到了这个年纪，已经基本还清了房贷，孩子们也已独立，自己有了些积蓄或者快领退休金了，而且还有个曾经的头衔可以挂在嘴边。

另外，如今绝大多数家庭都是组合式收入，有不止一个收入来源。对很多家庭来说，要是没有多个收入来源，就无法维持良好的生活品质。多样的组合本身就是一种保障机制，因为不可能每个方面都出问题。过于依赖单一收入的家庭则很危险，正如许多研究所显示的那样，这样的家庭一旦断了收入来源，就完全没有了依靠，没有其他可赚钱的工作，没办法自给自足，也不知道怎么去创业，家里的角色没有了分工，只剩下大把的时间坐吃山空。即使是金融界的天才也可能在十分钟内被解雇，甚至不允许回自己的办公室。高薪待遇既保证不了安全，也无法保证自由。

雷·帕尔（Ray Pahl）在他的论文集《关于工作》（*On Work*）收尾处描述了一名熨衣女的生动形象。他写道，这位女性可能是在洗衣店打零工，那点儿微薄的收入或许是全家重要的收入来源。她可能只是偶尔出来多干些零活，给自己挣点儿零花钱。她可能是在熨烫自己晚上出门要穿的衬衫，或是为自己心爱的伴侣熨烫衬衫，表达自己的爱意。也许这只是她周一必做的"功课"。甚至她可能只是给病了的邻居帮忙，或是在为当地的剧团准备戏服。要是把"她在熨衣服"中的"她"换成"某人"呢？帕尔注意到，即便用了"某人"，大多数人仍然会不自觉地解读为"女性"。我想知道，十年后人们是否还会这样想。

帕尔的观点是，工作就是工作，永远不会改变。只有社会观念和工作的社会构成会发生改变。如果没有地方可以打零工熨衣服，也许我们去熨衣服更多是出于个人喜欢。我的观点是，人们确实会出于各种目的熨衣服，有人做起来愁眉苦脸，有人做起来则笑容满面。这就是一种熨衣组合，而且一直存在。但是时代会变，外部环境会变，人与人之间的关系会变，我们的品位和优先选择也会改变，熨衣组合也就会随着这些变化而一起改变。

这听上去真不错。更令人欣慰的是，就像诺埃尔·科沃德（Noel Coward）[⊖]说的那样，"工作比休闲娱乐更有意思"（Work is much more fun than fun）。确实如此，但前提是我们对工作的内容可以自主选择、自我掌控，或是在某种程度上能成为诺埃尔·科沃德那样的多面手。

再想想到底怎样算休闲。休闲只有成为生活组合的一部分，而不是全部时，才真正算得上是休闲。营造"休闲社会"，让一群人终日无所事事，整天只知道享乐，对来我说，这简直就是地狱而不是天堂。最佳的休闲方式几乎都是主动休闲，或是特殊意义上的工作。关键在于这些休闲活动是我们自主选择的，时间和安排可以自己把握，如果放松够了，就可以停下来。

本章主要写给那些大型组织中的职业高管。正是在这样一个非理性时代，他们的生活方式将发生翻天覆地的改变，也只有他们和他们的家人才会觉得组合式生活离他们很遥远。但这种生活方式对于那些习惯于组织外生活的人来说并不陌生——小农场主、工匠师傅、熟练技工，比如管道工和木匠、小店主、酒吧老板、卡车司机、出租车司机、艺术家、家具修理工，还有园丁和一些园艺师。在我居住的东安格利亚地区就有很多这样的人，之前到过的意大利和爱尔兰南部也是如此。美国亦然，有人告诉我："在美国，每个人首先展现的是自己的商业身份，然后是其他身份。"这些独立的个体深知组合式生活的必要性。也许他们的生活方式并没有自己想象的那么衣食无忧、丰富多彩，或者也不是那么有意思，但他们凭直觉知道，生活必须充满多样性，工作并非恰好每周 5 天、每天 8 小时，而生财之道也是多种多样。没有哪个人或组织能决定自己的生活，而且他们中的大多数都不会选择其他生活方式。

⊖ 诺埃尔·科沃德（1899—1973），英国演员、剧作家、流行音乐作曲家、导演、制片人。——译者注

Chapter 8

RE-INVENTING EDUCATION

第八章

教育再革新

　　如果变化真的意味着学习，如果卓有成效的组织总是求贤若渴，如果职业生涯更加短暂多变，特别是如果有更多人希望我的人生我做主，那么教育肯定就是一项最重要的投资，每个人都可以通过教育改变自己的命运。但这里所说的教育并不是我们大多数人所熟悉的教育，也不是我在第三章中批判过的那种过时的学习方法。同样，它与英国传统观念中人们希望尽早摆脱的那种教育也不能画等号。

　　教育需要革新。我们的学校首先需要重新设计，因为三叶草和联邦制的理念同样也适用于学校。但教育本身并不应该在人们走出校园的那一刻就停止，也不应该局限于那些年满18岁成绩出色的优等生。就像我们看到的，学习应该贯穿人的一生，除非我们自己放弃学习。因此，组织需要有意识地转型为学习型组织。在这样的组织里，人们可以把变化当作机遇，在工作中得到成长。

这些改变不会自动发生。我们需要运用一些颠覆性思维，同时，政府的积极行动和组织的坚定决心也不可或缺。但是可以毫不夸张地说，如果我们想要避免书中描绘的最坏情况，并从中获得最佳结果，那么教育的革新势在必行。

三叶草学校

三叶草和联邦制的理念也许会彻底改变学校的运作方式。学校目前面临着两难境地，一方面要为各种学生提供多元化的选择，另一方面又要避免大型组织里常见的官僚主义和个体化缺失的问题。

有一天，我在路边，看着上千名女孩儿从 20 辆双层巴士下来蜂拥进入大教堂。她们是来参加学校 25 周年庆的。这是 25 年来人们第一次看到全校师生集合的盛况。看着眼前这 1500 名女孩，我既有些感慨又觉得很震撼。我在想，什么样的学校居然这么大，要整整挤满一个大教堂。答案很简单。综合教育就需要综合学院。如果高年级班要开设 16 门课程，每班保证至少 10 名学生，那么一所学龄段为 11 ～ 18 岁的学校，至少就要有1400 名学生。要给高年级的学生更多的选择就意味着低年级也要相应增加人数，从而保证每个班级达到最低人数要求。从理论上讲小规模的学校可能教育质量更好，但在课程选择上会比较受限。

要想摆脱这种两难困境，一种方案就是把高年级拆分出去，为 17 ～ 18 岁的学生开设专门的高年级学校，这样低年级的学校规模就可以更小一些。按照这个原则继续下去，也可以为 11 ～ 13 岁、14 ～ 15 岁、16 ～ 18 岁的学生分别开设学校。但要是在年龄上分得这么细，老师们的工作环境就不太理想，学生们也会觉得不满意，而且学校的运营成本肯定会更高。

另一种方案就是彻底换个思路，把学校转变成三叶草组织。除了核心教学活动，其他一律外包出去，或由灵活性强的外部供应商来完成。学校的核心活动主要就是由教育管理者为每个孩子设计适当的教育计划，然后安排授课。核心课程将继续由学校直接教授，但核心课程之外的所有其他课程将外包给独立供应商，就是那些新型特色学校。接下来可能会涌现出一大批独立的艺术学校、语言学校、计算机学校、设计学校等。核心学校会向这些独立供应商按学生人数付费，或许双方还会协商一个最低起步价。

核心学校的任务就是为外部特色学校制定标准并对其进行监督，确保课程内容的多样性，帮助学生和家长从所有课程中选择合适的内容制订教育计划。此外核心学校在自身的核心课程上面也不能放松，这样才能保证其在核心的凝聚力。

如此一来，由于学生们大部分时间都在规模更小的特色学校上课，学校的整体规模就会变得很大。而且学校提供了丰富多样的课程，家长们只要在校内选择不同课程就可以了，不用在不同的学校之间做选择。对于一些规模更大的学校，可能会有多家彼此竞争的外部机构在特定领域提供类似的课程，例如艺术类或语言类课程。

灵活性一直是三叶草组织的优势。供应商不会成为学校的累赘，如果不再需要，学校不续签合同就行。这在某种程度上已经发生。现在英国14～16岁学生的常规课程里面已经包含了工作实践的部分。从定义来看，工作实践只能在真实的工作环境中进行，其他地方都不行，因此这部分课程实际上必须外包出去，尽管没有收费。

学校会说，这样的话，学校的组织管理难度就上去了。三叶草组织虽然管理起来更麻烦，但也更具灵活性。学校不应该像目前这样完全分年龄段进行教学。核心学校的核心课程依然可以按年龄段进行划分，但像在语言学校，有些语言天赋好的学生可以进步神速，这跟年龄没有关系。在不同的学科领域，每个人的进展速度不同，把学校设计成三叶草组织就可以做到因材施教。当然，学校每天的课程安排也需要调整。尽管学校里的保守派最希望的还是按照每节课35分钟进行安排，但这样就没办法把教学的多样性融入课程安排。核心学校每周可以有4个上午安排核心课程，第五天一整天以及所有下午和晚上的时间都留给特色学校。这样的话就没有必要让所有学生同时放学，也可以让那些晚上要在设计学校早点儿上课的学生自由安排下午的时间。仔细想想，这也更像学生们未来将踏入的职场环境。

三叶草联邦制学校还可以更进一步。学校可以跟学生签订个人合同，把"甜甜圈原理"运用到学生的个人学习中。合同的核心部分是学校必须提供的教学内容以及学生必须完成的学习内容。然后是自主选择范围，学生可以从中选择一系列内容。整个甜甜圈会有明确的目标以及衡量是否成功达标的标准，其中包括学生各项能力的表现，例如人际交往能力、实践能力和组织能力，这些都是无法在课堂上充分教授的。双方还会安排好计划，定期回顾合同，如有必要可以进行修改。

当前，英国校长联合会的研究显示，只有当学校具备三叶草组织的灵活性并且真正和各种小型特色学校形成联盟时，与每个学生签订个人合同这种想法才更有可能落地。这样学生与学校之间的关系就发生了变化，师生之间那种类似看守人与囚犯的关系就弱化了，双方更像是在合同约束下的伙伴关系。在更多年轻人眼中，学校成了个人机会而非负担。在某些时间段，学生更像是客户，给各自所选的特色学校贡献了一笔人头费。

这种情况在有些学校已经出现。我曾给一家大型社区学校打电话，在那里成年人和青少年一起学习，教学活动一直持续到深夜。我要求跟校长通话，"请问跟哪位校长？"接线员回答道，"这里有好几位校长。"这是三叶草联邦制学校的外在表现。

颠覆式学校

几年前，我受委托研究英国一些学校的组织架构，访问了一些典型的综合性中学，这些学校都位于大城市的市中心。记得当时是 11 月，在那些清冷的早晨，每次我都会先问对方："为了对贵校有所了解，请问贵校有多少员工？"我得到的答案总是差不多，70 ～ 90 人。当我跟一位教育部门的主要领导提及这一点时，他惊讶地说："哦，天啊，他们没算保洁员。"我回答："不，他们没算学生。"

这就有点儿奇怪。因为在之前与校长们简短的沟通会上，我向他们请教，学校里的学生相当于其他组织中的什么角色。他们一致认为，学生相当于员工，而教师扮演的就是管理者和教导员的角色。但我觉得还是早晨的本能回答比较接近他们的真实想法。因为有谁见过哪个公司的员工会在一周内面对 10 个领导，在三四个不同的小组中工作，没有自己的工位或办公桌，而且总要搬来搬去？哪个正常的组织会禁止员工向同事求助，要求他们在脑中记住所有相关事实，而且每工作 35 分钟就得换场地，只能以 30 人及以上为单位进行工作，并且在正式休息时间以外禁止相互交流？

我只能得出这样的结论：这些典型意义上的中学并没有真正把学生看成员工，也没有把他们当作顾客。因为学生没有真正的选择权，也享受不到消费者的权利，既不能投诉，也不能提出自己的喜好。学校也很少对学生进行市场调研。凭直觉，我感觉学校只是把学生看成自己的产品。

从组织管理的角度来说，这也有一定道理。产品是从原料出发的。原料通常是在不同的工作台上分批次加工的，然后是分级检查，学生也是如此。约有40%的学生表现不合格，我们认为主要是学校的标准定得太高。可惜的是，学校出来的"不合格品"不会被送回去进一步加工，而是被丢到职场任其自生自灭。

职场的情况则截然不同。在工作场合，不同能力背景的员工以团队的形式共同完成任务。在职场环境下，不同能力背景指的是一组具有相同教育水平但能力不同的员工，但在学校，这就意味着一组能力相当但受教育水平参差不齐的学生。在学校里，合作就是作弊，但在职场，合作则是关键。在工作中，质量达到75%意味着工作还没做到位，但在学校就算非常出色了。在工作中，人们每周甚至每小时都能看到自己的工作产出，成绩表现一目了然。大多数人会觉得自己每周都做出了一些成绩，取得了一定进步。但在学校，个人成就只体现在分数排名上，而且往往只有等到每个学期考试"放榜"那一刻才知道。在工作中，个人的产出对他人是有价值的，而在学校，这只对自己有用。在大多数情况下，工作都挺有意思甚至充满乐趣。但对很多人来说，学校既没有意思也没有乐趣。

颠覆式学校就是要把学习变得更像工作，让年龄不同和能力迥异的学生组成团队，解决真实的问题，完成真实的任务，而且人人都有用武之地。在这样的学校，学生们不仅会更有收获，因为他们可以看到自己所做事情的意义和目的，而且还能更好地了解自己即将踏入的社会。大多数人在16岁前对组织和工作的唯一体验都是来自学校。如果我的调查还有一点可取之处，那就是当今天的学生走出校门时，他们对组织和工作的印象是有点儿偏颇的。

七种智力

当今的社会会在人们接近 20 岁时进行人员筛选，为后续的教育分流做准备。智商高的人继续深造学习获得各种资格，其余的人则自谋生路。我们只采取了一种筛选方式，就是通过考试来衡量人的智力成就。一些高等院校的确会对学生进行面试，但前提是通过了初始的智力筛选。

从颠覆性思维来看，这样的筛选毫无意义。尽管智力很重要，但是我们除了智力以外，还需要各种各样的能力。我们都知道，人的能力体现在多个方面，智力的表现同样如此。哈佛教育学院的霍华德·加德纳（Howard Gardner）[⊖]教授做了很多研究，将智力划分为七种不同的类型，并声称这些智力是可测量的。尽管有些夸大的成分，根据他的分析，我们可以很自然地在他人身上识别出一些独特的才华和智力，甚至这些特质在年轻时就会体现出来。

- 分析智力（Analytical Intelligence）：这就是我们在智商测试和大多数考试中衡量的类型。

- 模式智力（Pattern Intelligence）：这是在事物中发现模式并创造模式的能力。数学家、艺术家以及计算机程序员通常在这方面得分很高（需要注意的是不同能力之间并没有什么联系或相关性。可能一个人在模式识别方面非常突出，但在传统考试方面却表现不佳）。

- 音乐智力（Musical Intelligence）：在音乐家和流行歌星中，

⊖ 霍华德·加德纳（1943 年至今）是哈佛大学的认知心理学家和教育学家，以其开创性的"多元智能理论"闻名，该理论主张人类智能多样化，包括逻辑数学智能、语言智能、空间智能等多种形式。——译者注

可能只有少数人具有很强的分析能力，他们大多数在这方面
并不擅长。不过他们的音乐智力肯定毋庸置疑。

- 运动智力（Physical Intelligence）：游泳健将、足球运动员、
  各种体育明星在这方面的表现都很突出，但运动智力强并不
  代表其他方面也同样优秀。

- 实践智力（Practical Intelligence）：这种智力是指一个人能够
  在没有说明书的情况下把电视机全部拆了再装起来，虽然这
  个人可能并不能准确地说出每个零部件叫什么。

- 内省智力（Intra-personal Intelligence）：具备这种智力的人
  往往比较沉静，能够倾听自己和他人的感受，例如诗人和
  顾问。

- 人际智力（Inter-personal Intelligence）：这是能与他人友好
  相处、通过他人完成任务的智力。管理者必须具备这样的智
  力，然后再加上前面一两项智力。

我们会发现所有这些才华和智力在生活中都有用武之地。如果我们注
意观察身边那些幸福的、成功的中年人，就会明白他们之所以如此，是因
为他们找到了自己擅长的事情并积极地参与其中。到了那个阶段，排在首
位的分析智力根本不是最重要的。

讽刺的是，尽管英国的学校也认识到多元智力的重要性，但除了排在
第一位的分析智力，其他智力的培养活动统统被归为"课外活动"，而现在
许多学校已经没有课外活动了。

随着我们的社会变得更加多元化，我们更加需要这七种智力，包括其

他可能存在的智力。因此，如果我们的社会仅仅以分析智力为标准，决定一个人能否享有进一步的教育机会，那这种做法显然匪夷所思。

我们可以通过全面推行教育积分制度来规避这种狭隘的做法。当颠覆式学校把学习和工作融为一体后，它们也会发现，教学过程中也要重视培养其他几种智力。当然它们可能会明确一项培养原则：每位学生毕业时至少要在七种智力中的某一项上表现得非常成功。

有迹象显示，很多国家都出现了一些变化。人们越来越认同学习不仅仅是掌握知识。许多学校都对学生的学习能力、个人特长以及社交能力进行了奖励和记录。在英国，不少学校以"个人成就记录"的方式来体现学生各方面的能力以及取得的各种成就。美国也一样，人们鼓励年轻人从学生生涯开始准备自己的履历，记录下自己在校内外取得的各方面成就。法国计划让75%的年轻人获得本科学位，但是不同类型的人才会有不同类型的证书。

然而，如果教育要迎头赶上未来，就需要走得更远、跑得更快。在过去的教育机制下，超过1/3的学生在毕业时没有一项拿得出手且能被社会认可的个人成就。这样的教育机制无疑是在扼杀我们的能力，尤其是在一个多元化的社会中。在多元化的社会中，自信、有可变现的一技之长、兼具应对生活和与人沟通的能力，这些方面都至关重要。每个人在人生早期就需要品尝成功的滋味。这就是为什么我们必须更广泛、更正式地认同其他几种智力，这对我们来说意义重大。

教育积分

为了迎接未来的职场，每个人都要把教育放在优先位置。仅仅将几所学校转变为三叶草组织还远远不够，我们需要从根本上重构我们的教育机制。

如果从颠覆性思维出发，社会应当考虑尽可能给每个人提供教育补助，而不是给机构进行教育拨款，这样才能激励更多人去学习，让所有人都转动自己的学习之轮。举个例子，可以给即将入学的大学新生每人发放一张教育积分卡，这张卡在所有接受这种卡的高等院校都可以使用。这样一来，每个院校将自行决定学费标准，根据学校需要进行扩招缩招，而不用向大学资金委员会或任何相关组织报备。如果有新的市场需求，新的教育机构就会产生。在此之前只有政府才能提供更多的教育资源。通过这种方式，国家实际上是补贴了教育消费者，而教育服务提供方则会根据市场需求自行发展。

颠覆性思维还会启发我们思考，为什么每个人都要在 18 岁时匆忙去上大学，而我们只有到了人生更靠后的阶段才能清楚地知道自己的学习诉求。为什么到了 18 岁这个年龄就该决定个人是否要接受更多正规教育？如果第二章的数据大致准确的话，我们可以把每个年龄段接受过高等教育的人数翻倍。当然这种教育可以更灵活地安排，而不必集中在某个年龄段。

一种方案是给每个人发放等值三年学费、终身有效的教育积分。只要找到可以兑换这些积分的正式院校，那这些积分随时可以用来抵扣学费，但是不能当作助学金直接发放。所以并非每个人都可以或者愿意兑换，但很多人会在往后的岁月里兼职学习，有些人有公司赞助，还有人会自掏腰包进行学习。随着教育需求的扩大，更多的教育机构会出现。对政府来说，这是一件很划算的事情，一方面可以让那些在 20 世纪 80 年代初因教育资源不足而没机会上大学的人回炉再造，另一方面又向社会提供了更多接受过高等教育的毕业生。为了保证教育质量，国家只需要通过英国已有的教育认证系统来监督学校的教学标准。

欧盟早就提出了教育学分制的建议，现在各国政府需要更认真地对待这项建议。要降低这项计划的落地执行成本，一种办法就是当企业裁员时，需要给员工提供等值一年学费的教育积分，这样就可以利用企业资金部分支持这项计划。

根据颠覆性思维，我们没有必要在同一所院校连续学习三四年，把这些等值三年学费的宝贵积分一次性用完，还有更多更合理的方式来有效利用它们。我们应该把学习时间拉长一点儿，甚至可以跨不同的院校学习。如果我们要实现这种时间范围更宽、跨不同科目的组合式学习，那就应该吸收德国的学分互认制度。英国的开放大学，凭借其开放的入学要求、学分累计制度以及模块化的课程结构设计，已经在这个方向迈出了一大步。当这种教育模式普及起来并且有更多的院校能接受学分制时，那我们离弹性教育就又近了一步，这种教育正是我们的弹性生活所需要的。

学分互认不一定仅限于正规院校。现在大部分学习实际上都是在企业内部进行的。只要这种教育达到了标准，就没有理由不为参与者授予学分。我们可能很快会看到企业为其管理课程寻求商学院的认证。最近在英国开创的所谓"联盟MBA"（Consortium MBA）项目就是朝这个方向迈出了一步。在该项目中，多家企业与某所商学院合作，为它们的高管开设了学位课程。这又是一种颠覆性的教育模式，相当于帮国家免费培训了这些高管。英国的BBC和惠普等公司正在挑选聪明的艺术类毕业生，并计划在一年内将他们培养成IT专家。它们这样做是迫不得已，但从某种意义上讲，为什么它们不应该这样做呢？传统职业已经这样做了，其他职业也一定会跟随这种趋势。

学习型组织

"学习型组织"这个说法在当下风靡各地。我们明确知道这是一个值得努力的目标，但对它的认识却尚不清晰。本章的学习模型会为我们提供一些思路。

对于学习型组织可以有两种解读。一种是能够自我学习的组织，另一种是鼓励员工学习的组织。它应该同时具备这两层含义，既是一个自我学习的组织，也希望自己的员工保持学习。学习型组织需要从认知上遵循第三章介绍的学习理论，具体体现在以下几个方面。

提出问题并验证理论

学习型组织需要有一种正式的途径在组织内部推动整个组织的学习并形成闭环——提出问题、找出理论、验证理论并反思总结，这也是前面介绍过的学习之轮的概念。许多组织更像是行动派或实用主义者，对各种事件灵活响应、随机应变。

1988 年，伦敦的泰特美术馆迎来新任馆长。他上任后特意安排了一系列全天研讨会，与员工们共同探讨各种问题——从美术馆的定位到资金筹备以及馆内的人员安排。他站在新人的角度，把这些日常问题和可能的解决方案单独拎了出来，给予了特别重视。还有些企业会正式评估竞争对手的业务进展情况。当高管在外集体开会时，就会基于这些竞争对手的评估报告提出问题并展开讨论。日本企业尤其喜欢派高管到海外竞争对手那里考察，这样就能更好地提出问题、收集想法，从而汲取他人经验。

更常见的是，企业在内部课堂上进行这类讨论，邀请外部专家提出问题并找出解决方案。然而这往往成为组织卡在学习之轮第二阶段的借口。大家听着这些"高大上"的理论，却觉得问题与组织毫无关系。这类研讨会很容易沦为企业的"心理安慰剂"。大家心想："幸好这些问题与我们无关，所以不用理会。"其实是组织中有个别员工产生了疑问，希望请外部专家来提供一些思路。但除非在场的人都有同样的疑虑，而且都希望把问题解决，否则一切都是徒劳。

当然，把这些问题和理论委托给那些情景分析师、企业策划人员，甚至外部顾问去处理也起不到什么作用。如果企业核心高管对这些问题和理论没有认同感，觉得与自己无关，就不会冒险去验证。学习之轮又将停滞不前。高管们必须亲自提出问题，寻找解决方案，反复验证并找出最佳思路，然后刻意花时间对结果进行反思总结。难怪最成功的企业领导者都花了大量时间放眼外部世界。如果不愿质疑现状，不愿面对尖锐的想法，那就陷入了"群体思维"。如果领导者想避免"群体思维"造成的危险，就必须多多接触外部世界。

转动学习之轮不能纯靠运气，也不能等着董事长在浴缸中灵光乍现。组织的学习必须有计划地进行。约翰·哈维－琼斯（John Harvey-Jones）⊖在《实现目标》（*Making it Happen*）一书中讲述了他担任帝国化学工业公司（ICI）⊜董事长的经历。在刚上任的那几年，他花了大量的时间和精力为公司的高管们创造提问、思考和学习的空间。

⊖ 约翰·哈维－琼斯（1924—2008），英国商界领袖和电视名人，因其在帝国化学工业公司（ICI）担任董事长以及通过电视节目《麻烦先生》帮助处于困境的英国公司进行现代化改革而闻名。——译者注
⊜ 帝国化学工业公司曾是英国最大的化工公司之一，成立于1926年，由几家英国主要化工企业合并而成，在全球范围内涉及化工、制药、农业化学品、涂料和塑料等多个领域。——译者注

适当自私

学习型组织是适当自私的组织，它非常清楚自己的定位与未来，并朝着自己的目标坚定迈进。这听起来像老生常谈、毫无新意，但实际操作起来并不容易。"实现盈利"或"利润底线"并不能很好地描述组织存在的目的，因为从中不出来组织的具体计划和具体目标。就好像有人说自己想要幸福。的确，幸福和盈利是值得追求的，但这两者算不上明确的目的。盈利只是手段而非终极目的，但是如果没有盈利，目的就难以达成。

卓有成效的组织现在都懂这个道理。日本企业对此一向有清晰的认识，这也是它们的优势之一，它们的金融投资机构也清楚这一点。遗憾的是在英国和美国并非总是如此。就像了解个人那样，通过以下几个问题我们就能清楚地知道企业是否做到了适当自私：

- 组织的优势和特长是什么？
- 组织的劣势是什么？
- 组织希望成为什么样的组织？
- 组织希望因为什么而被人们记住？
- 如何衡量组织的成功？谁来衡量？何时衡量？
- 如何实现组织目标？

大多数的组织肯定是以客户为中心给出相应的答案。客户是谁？他们需要什么？他们想要什么？我们如何洞察客户的需求？毕竟如果没有客户，组织就失去了存在的意义。有人向一位医院院长表示祝贺，称赞他把医院管理得井井有条。院长答道："谢谢，不过你应该看看医院没有病人来之前的样子，那个时候更加整洁美观。"故事可能是杜撰的，但值得那些以自我为中心的组织深思。

持续重构

学习型组织要不断地重构。我之前曾说，领导者需要具备优秀的概念能力，即便这是一种与生俱来的能力，也要不断地打磨精进。随着组织向联邦制结构和大甜甜圈模式发展，我们需要更多的领导者在组织的各个层面进行重构。不仅是企业高层，更需要各级领导者参与这个过程。大甜甜圈模式的关键在于：不断重新定义和调整组织的架构和战略。就像每年都重新思考"今年我们的业务重点是什么？"，这就是一种重构。

在制造业，质量圈[⊖]的管理实践充分体现了人们是如何在生产车间或办公室里进行重构的。大家提出问题、给出建议、测试结果，然后再讨论总结，在实际行动中转动学习之轮。但是只有在人们对问题进行了很好的重构之后，这种实践才能发挥出最佳效果。

质量圈只是一个例子，体现了企业如何将重构思想和闭环学习的理念融入正式的组织运营。除此之外，有的企业会在度假中心举办研讨会，为高管们临时请来专家智囊团；还有的企业会聘请外部顾问出谋划策，这样做当然有风险，毕竟外部人员很难以主人翁心态来为最终的结果负责。

我们往往需要一些外部刺激才能给重构带来新的思路。所以重构者们也要不定期地换换环境，去看看别人的世界。外部课程和研讨会在这方面发挥了重要作用。参加这些活动并不是为了寻找现成答案，而是为了获得

⊖ 质量圈是由日本质量管理专家石川馨于 20 世纪 50 年代末期提出的概念。它是一种在自愿的基础上解决与质量有关的问题的方法，通过员工共同努力提高产品质量。——译者注

启发和灵感。阅读、表演、艺术、旅行，这些都有助于我们更好地进行重构。学习型组织应该鼓励员工参与这些活动，而不是把它们看作不务正业。

　　三叶草组织核心人员的生活节奏都非常快，这会造成一个问题，那就是他们缺乏时间去了解和体验外部的世界。休假的时候会被打扰，在家的时候也放不下工作，甚至比在办公室工作效率更高，用餐的时候跟人开会，连看场演出都变成一项组织任务。学习型组织必须保证员工能有计划地彻底从工作中抽离，去体验外部的世界，这样才能避免感染四处泛滥的"群体思维"病症。

否定能力

　　学习型组织必须培养自身的否定能力。在变化的过程中，失望和错误在所难免，但它们对于学习都至关重要。有位年轻人刚刚得到晋升，喜悦之情溢于言表。我问他："在公司授权你的范围内，你有多大的犯错空间？"我的意思是，真正的责任意味着要承担更大的风险。学习型组织首先会给员工发挥的空间，也就是我说的"大甜甜圈"。大甜甜圈意味着较大的自主空间，但这种空间有时会被误用。学习型组织会尽量将这些错误转化为学习机会，不是拿它们来批评指责，而是作为案例进行员工讨论。

　　艾伦·芒福德（Alan Mumford）[⊖]提出了"偶发性学习"的概念，就是围绕着每个人在生活和工作中遇到的偶发事件进行学习。为了让参与者在学习的过程中避免受到责备、接纳自我，一般由组织内部相对中立的导师或教练来引导整个学习过程，而不是由大领导或者上级主管主导。组织常

　　⊖ 艾伦·芒福德（1931—2017），英国学者和教育家，主要研究领域为管理学和成人学习，在工作场所学习和行动学习方面有广泛的贡献。——译者注

常也会请外部导师或教练来帮忙。在适当的情况下，偶发性学习借由意外事件提出问题，促使人们思考，从而推动学习之轮。随着组织的甜甜圈变大，导师的角色也变得越来越重要。适当自私的员工如果聪明的话，肯定会给自己找一位职场导师。组织也可以授权一批内外部导师，给他们一些报酬，从而降低员工找导师的门槛。这些导师不一定就是位高权重者，也极少是被指导对象的直接上级。指导别人本身就需要一种能力。安静内敛的人往往比那些活泼外向的人更适合做导师，因为导师都是从他人的成功中获得成就感。他们是解释者而非理论家或行动派，最适合在学习的反思阶段给人指导，凭借自己的影响力而不是权力吸引他人。

职场导师是一个组织的否定能力的外在标志，也体现了组织对学习的认可。如果组织想要员工重视学习，还需要更多这样的外在标志。组织应该安排特定的时间让员工进行反思，还可以给员工分配个人教育预算用于自主学习，预算可以是时间或金钱的形式。正式的评估方案也可以重新调整为个人培养协议。这里再次体现出语言的重要性，因为"评估"听起来像是对人进行评价而非提供帮助，更像回顾过去而非展望未来，有种居高临下的权威色彩而不是相互平等的伙伴关系。

关怀型组织

学习型组织希望每位员工都能时刻学习，并争取让这种学习文化看得见摸得着。大甜甜圈、个人培养协议、职场认证导师、外部参观研讨、偶发性学习、允许犯错，这些都体现了组织的学习文化。组织里还会有更多正式的安排，比如大部分美国公司都有学费报销制度，而日本公司会提供更多机会让员工旁听高级别的讨论。组织还会为员工创造本职工作以外的项目机会，公开鼓励各级员工献言献策，在各个层级成立学习小组，围绕新的问题进行头脑风暴，提供横向职业发展机会来发掘员工的潜能，鼓励员工积极创新哪怕想法不成熟或很激进，给员工的奖励回报都与成绩结果挂钩而不是论资排辈，对员工的各项成就表示衷心的祝贺。最重要的是，让员工能够真正全方位地感受到那种"无条件的正面关怀"，更贴切地说就是组织对员工个人的关爱。

在许多组织管理教材以及学习理论类图书中，我们很少看到"关怀"一词，但它理应占有一席之地。无条件的正面关怀就像我们对孩子的情感，无论他们的行为多么令人生气，最终我们还是会原谅他们。如果没有这种无条件的正面关怀，我们就很难放下内心的不满与成见。没有人会与自己不信任或不关心的人一起冒险。而辅助性原则恰恰就是基于更多的信任和正面的关怀。那些松散组织，依靠的是员工之间的喜爱与信任。而那种充满激情、乐于质疑与实验、勇于探索冒险的文化，是无法在恐惧的阴影下生存的。这种文化无法强制推行。要鼓励培养这种文化，就必须对所有的正面表现给予积极的回应，对成绩和进步给予高度的赞赏，还要对员工的成长大胆地进行投资。只有在这种真诚的关怀下，员工才能真正感受到激励，并在组织中发挥最大的潜力。

这是一种心态，体现在各种细节上。吉姆是英国北部市政文化部门的文体活动负责人，他参与了地方政府的管理竞赛，并投稿了一篇文章，简单描述了自己的工作。文章的标题为"我与变革的情缘"，里面讲了这么一个故事：

"我早该知道管理员工的诀窍了，因为这些道理就体现在身边。我们的团队总是让人感觉宾至如归，甚至包括管理层。他们需要的只是关注、鼓励和自由。但我跟所有游泳池主管开完会后才懂得这个道理。

我刚刚分管游泳这一块，时间还不长。所以就约了大家定期见面，互相交流，听听各自的想法（这是我能想到的最佳方式）。

主管们抱怨他们从来没有预算。所以我给每个游泳池发了 500 英镑。每个游泳池有两名主管，他们可以决定这笔钱如何使用。

有的游泳池买了音响设备，有的买了外部标牌、打印了宣传单，但有个游泳池的主管把钱都存了起来，年底时他们写信告诉我说利息有 50 英镑，打算用这笔钱来填补当年的预算缺口。"

细节和一系列心态——关注、鼓励、真诚的关怀与自由——共同构筑了学习型组织中的学习文化。这也是一种积极拥抱变化的学习文化。然而，当组织中的许多人只是暂时的过客，为了追求自己的职业目标匆匆而来时，维持这样的学习文化就会变得更加困难。要像对待自己的孩子那样真诚地关怀匆匆过客实属不易。日本企业有终身雇用的传统，至少对于核心人员而言。这样就更容易形成一种关怀个人成长与学习的文化氛围。但是我们无法采用日本的方式，西方人也不愿意受到束缚终身服务于同一家企业，甚至在日本，这一制度也逐渐式微。

然而，在三叶草组织和联邦制组织中，推动变革的难度更大，这意味着变革并不会自然而然地发生。学习型组织必须以明确的意图和行动来推动这一进程。在组织内部，总有一些障碍会阻碍变革的实现，因此最务实的做法是首先清除这些障碍。

这些障碍可能对组织运营非常有效，组织对此非常了解，也在加以运用。罗莎贝斯·莫斯·坎特（Rosabeth Moss Kanter）[○]研究了多家大型美国企业，并在她的著作《变革大师》(The Change Masters) 中对变革进行了介

㊀ 罗莎贝斯·莫斯·坎特（1943 年至今），最负盛名的管理作家之一。她是哈佛商学院的首席管理教授，专长领域是战略、创新和变革。——译者注

绍，总结出了扼杀创新的 10 条规则：

1. 对来自下级的任何新的想法都心存怀疑，因为它是新的，而且来自下级。

2. 让那些需要你批准的人，先经过层层审批再来找你。

3. 鼓励部门或个人之间对彼此的提案相互质疑和批评。

4. 随意批评，吝啬表扬（这会让大家保持紧张）。让员工知道自己随时可能被解雇。

5. 把问题视为失败的标志。

6. 事无巨细，严格控制。凡是能量化统计的就频繁统计。

7. 对于组织架构调整和组织政策调整暗自做决策，趁员工没有心理预期时，突然通知大家（这同样会让大家保持紧张）。

8. 严格控制信息流，申请获取任何信息都要有充分的理由，并且避免信息随意传播（不想让信息落入不合适的人手中）。

9. 以授权和参与的名义，将裁员、解聘或人事调动的责任推给下级管理者。

10. 最重要的是时刻铭记，作为高层管理者，你已经充分了解业务中的所有重要事情。

学习型组织需要经常打破这些“戒律”。

AN UPSIDE-DOWN SOCIETY

第九章
颠覆型社会

创新型国家

艾森豪威尔在担任美国总统之前，曾任纽约哥伦比亚大学校长。学校老师请求他禁止学生践踏大操场上的草坪。

他问道："他们为什么要从这块草坪走？"

"因为这里是从正门到中央大厅最近的一条路。"

他说："要是这样的话，让他们走好了，就在那里开条路。"问题就这么解决了。

有时候，一味阻止必然发生的事情没有什么意义。看清形势、因势利导往往才是最佳之策。在人类社会发展的滚滚浪潮中，工作模式的转变就是其中一股洪流，需要我们去疏导，而不是去阻挡或堵塞，因为人们也无力对抗这样的发展趋势。本书不涉及任何政治。但如果工作给我们的生活带来如此大的变化，那必然也会对政府以及这个社会的运行造成影响。政府必须认识到，这些变化给社会带来了深刻的影响，政府必须大刀阔斧地改革，而不能只是做一些小打小闹的调整。非连续性变化的时代需要我们进行反思和重构。

例如，英国亨利中心在 1998 年发布了一份有关远程办公的报告。报告指出，随着通勤的减少，加油站与铁路的业务将下滑，家里不再需要第二辆汽车，道路拥堵的状况将得到缓解；由于免去了路途奔波，人们会有更充裕的工作时间，这会让通货膨胀率降低 0.7%。人们可以更自由地选择居住地，房价可能会因此趋于平稳，但很多办公室的保洁人员将失去工作。

这只不过是冰山一角，其背后的影响可能比远程办公带来的变化要深远得多。在过去的 100 多年里，不管什么政府上台，它们都会充分利用那些大型组织，将社会创造的财富以工资或薪水的形式分配给民众。因此，政府自然会利用这些组织来进行征税、执行经济政策以及有效地规划和利用资源。如果人人都在组织中工作，那政府就能方便管控整个社会，至少能了解大部分民众在哪儿工作，处于什么样的生活状态。

同样，如果政府想要有效地利用自己的资金，组织才是最方便的途径。给医院拨款救死扶伤，总比花钱让病人去医院看病简单得多。投资学校和大学，兴办教育，总比花钱鼓励人们去上学更容易实现。政府自己经营铁路、煤矿或邮政业务，要比交给别人运营更容易管理。政府把持着这些命脉部门当然有意识形态上的考虑，但这种政府喜欢包办一切的思想与当时的组织管理理念不谋而合，这绝非偶然。20 世纪六七十年代，风靡整个商界的理念是，"如果你想控制它，那就必须拥有它"（If you want to control it, own it）。人们常把"整合"二字挂在嘴边，这个说法相当巧妙：横向整合、纵向整合或两者兼而有之。收购供应商，收购客户，如果可以的话连竞争对手都收入囊中。这样的话，企业在自己的领域就更加所向披靡。政府肯定也领会到了同样的精神。

我们已经目睹了为这种理念所付出的高昂代价。如今组织已经转变了观念，转而拥抱三叶草和联邦制模式。尽管这两类组织更加难以掌控，但这两种模式更加经济实惠。政府当然也免不了受这股潮流的影响，它们同样发现，请最优秀的人做好核心工作，然后把其他任务都外包出去，这样的做法才是明智的。要说这是私有化，那真是管中窥豹、可见一斑。这并不完全跟意识形态相关，甚至可以说大部分都跟意识形态没有关系，这只不过是一种最为高效的组织运营管理模式。三叶草组织要在英国遍地开花尚需时日，但是这种趋势已经无法轻易逆转。

更加根本的变化是，很多工作从传统的组织结构中独立出来。计费工作、远程工作以及自由职业性质的工作日益普遍，这给政府在税收、收入调控以及福利管理方面增加了难度。自由职业者在法律或逻辑上永远不会失业，除非个人破产。这类人士也不会真正地退休，他们只不过放慢了一点步伐。"失业"和"退休"变成了纯技术术语，而非用来描述人们的实际生活状况。所以政府可以自豪地宣布失业率下降了，而反对派却可能同时声称那些需要工作的人实际正在增加。他们说的不是同一回事。现在，政府不得不更多地直接与个人而不是组织打交道，而且需要重新思考如何划分社会阶层。如果组织不能代劳，政府还需要找到新办法来聚集和分配社会财富。在这种非连续性变化的时代，政府也需要一些颠覆性思维。

三叶草联邦制国家

英国正在对公务员系统进行逐步拆分，将其大部分职能外包给各类小型机构。铁道部可能会变成铁道监管局，由私营公司相互竞争负责列车运营，就像机场监管局一样。英国广播公司（BBC）可能只保留集团中心直属的新闻栏目组，其他节目一律外包给小型的纪录片影视制作公司。英伦半岛上每个国有邮政系统估计只会覆盖大城市间主要的铁路配送路线，剩下的邮件收发将通过竞标的方式交给特许经营公司，由它们派送到民众家门口或者直接配送到私人邮箱。

这种形式还可以更进一步。在美国，监狱管理外包给了私营机构，就像工厂聘请安保公司一样。或许军工合同也可以外包出去。正如我们将要看到的，学校也可以变成教育界的中间商，在学生和大批潜在的教育服务商之间搭建合作的桥梁。高速公路和市内街道都可以变成收费路线，通过道路中的感应装置和每辆车上的计价器自动收费，同时可以让私营企业通过竞标参与到道路的建设运营当中。

这些迹象都显示"辅助性原则"和"甜甜圈原理"已经对政府工作产生了潜移默化的影响。政府正在效仿企业实践，重新思考其核心职能。它往往得出这样的结论：政府的核心工作就是制定和维护标准，建立框架并选择合适的承包商，而不用大包大揽、亲力亲为。这一点也不奇怪。因为商业组织已经逐渐发现，最有效的办法就是首先设定标准，定义好工作的核心；其次是建立框架，明确工作中自主决定的边界；最后就是选择合适的人才，交给他们自主发挥。既然商业组织采取这样的做法，那么政府也会及时跟紧步伐。它确实已经着手改革。

不过政府在推行改革之初肯定不会说自己在向商业组织学习。它会把这种改革包装成其特定政策的胜利，因为无论是从左翼还是右翼的政治理念出发，把"提高政府的组织运营效率"纳入施政纲要都是一件顺理成章的事情。今天我们所谓的"私有化"强调的是削弱政府所扮演的"大管家"角色，但换个角度也可以称之为"民主化"，从而突出政府作为服务方把选择权归还给客户或消费者。毫无疑问，在不同的阶段会有不同的说法。但不管怎样，我始终坚信，组织的规律不可抗拒。

国民收入计划

要想让更多的民众，即便不是所有人，能在新型社会安居乐业，教育就显得至关重要。但仅靠教育的力量是不够的，我们必须另辟蹊径，找到其他方式来支持那些普通民众。国民收入计划就是其中一种。

国民收入通常是指由统计部门计算出来的总体国民收入。按照颠覆性思维，国民收入应该定义为每位国民可以从国家那里领取的收入。这种思路由来已久，并且这种收入被冠以各种名号，如社会工资、国家红利、国民薪酬、基本收入，但只要大多数民众可以自食其力，通过工作来保障自己的收入，那政府就会觉得这种想法并没有什么切实可行的意义，甚至觉得没有必要。

但现在情况不同了。人们并不是因为自己犯了什么错而丢掉"饭碗"。10% 的劳动人口没有任何有偿工作，这是一个相当惊人的数字。还有些人虽然不在这 10% 之列，但仍处于贫困阶层，比如许多自由职业者。为了获得国家财政补助，人们必须把自己划分到老人、丧失劳动能力者或贫困人口中的某一类。人们觉得，在一个自由的国度，这种划分简直是一种侮辱。

一个自由的国度、一个相对富足的社会，应该能够保证民众享受免费教育和医疗，还有足够的收入能覆盖基本的衣食住行。根据颠覆性思维，与其补贴少数有需要的人，不如给所有人发放补助，然后逐步从不需要的人那里收回来。

说得更理想化一些，那就是作为国民的一分子，我们既有权利从集体财产中分得一部分收入，也有义务付出一部分个人所得来维持整个社会的发展。每个人的权利和义务是并存的。

最简单的办法就是这样。每个人每周或每月从国家领取一笔钱款。16岁和76岁时领取的数额比36岁或46岁时要少些，以适应个人开销的变化曲线。这部分收入终身有效，就算开始工作赚钱也依然可以领取。这与现行制度下的惩罚机制不同。今天的很多失业者因为担心领不到救济金才不愿回归劳动力市场。相反，在这套机制下，一旦你开始工作有收入来源，那就要开始偿还之前获得的国民收入。偿还比例可以从60%开始，然后随着收入的增加逐步降低，从而保证人们的工作积极性。偿还计划与所得税不可以相互叠加，但是往往只有等到偿还比例降至非常低的时候才会开始征收所得税。

这样就会看到很有意思的现象：

- 因为人人都能领到国民收入，所以就没有必要为了领取国家补助把自己划分为失业人员或退休人员。这些人员标签及其划分标准自然就会消失。更多的人会靠资产带来的收益生活，不过这些收益并不会很多。

- 虽然国民收入很低，仅仅能保障基本生活，但有了这份保障，人们就有动力去从事额外的廉价劳动，这样至少可以拿到一半的国民收入。劳动力的边际成本会进一步降低，会有更多工作值得去做，甚至有些已经消亡的工种也会有人愿意去干，尤其是那些迫切需要且技术含量低的体力活。

- 底层经济会活跃起来，也会带来更多消费者。而这些消费者的需求又会给底层民众创造更多工作机会，带动他们提供各式各样的产品和服务。当然，前提是我们不会所有东西都进口。

不过问题肯定还是存在的。给民众发放了国民收入并不意味着他们就会合理消费。有些人会酗酒、吸毒或赌马，把钱挥霍一空，然后继续向国家伸手。但愿这只是极少数人，不过这类人确实存在，必须采取一些措施。是任由他们向社会无度索取，还是将钱留给慈善机构，让它们去帮助这些深陷恶习无法自拔的人？

人们常常以"万事开头难"为借口，但我不以为然。毕竟资金的总量是固定的，只不过换了种方式把资金盘活了。如果我们把国民收入计划和下一种颠覆性思维结合起来，那肯定能解决这个问题。

零所得税

颠覆性思维会超越真正的国民收入范畴。我们为什么还要征收所得税呢？它只会提高劳动力成本，进而增加产品成本，最终导致更多的工作岗位消失。

所得税最初只是作为一项临时措施来实行的，不过因为这种征税方式非常简单，所以沿用至今。但是目前只有一半劳动人口以及不到20%的总人口有固定薪资收入，所以征收所得税很快就没那么容易了。更何况自由职业者的所得税难以测评，也不容易征收。随着越来越多的人加入自由职业者大军，这种情况会进一步加剧。

但是所得税占了国家税收的一半，消费税或间接税（营业税、关税、车辆购置税等）则占了另一半。如果要废除所得税，就不得不把消费税翻倍，或者增加对食物、书籍以及其他方面的税收。有人强调，这种做法是种倒退，会给底层的贫困人口造成更大的负担。不过，如果国民收入计划能够实行，那这种观点就不太能站得住脚。虽然收入最低的贫困阶层仍将按比例缴更多消费税，但这些开销会通过国民收入的形式得到补偿。

消费税翻倍后，各种商品的零售价格自然都会上涨，可能会导致明显的通货膨胀。不过只有那种休克式的做法才会造成严重的通货膨胀，就像当年英国在撒切尔新政时经历的那样。把所得税税率逐步降为零，同时慢慢地把消费税翻倍，这样也许就能避免通货膨胀。

这项措施带来的后续影响同样也非常有意思：

- 例如，将房贷或养老金的税收逐步免除，房价就会降低，结余的资金就会流向其他投资项目，或许这样能带来更高的回报。
- 由于人们没有必要再瞒报或虚报显性收入，会计师和税务人员的工作量会大大减少。
- 消费税成了唯一的税收来源，这意味着只有在消费时才需要缴税。这样储蓄自然就会免税，人们也更愿意把钱存起来。
- 以各种形式避税的"福利津贴"将失去意义，把所有福利待遇都折算成"纯现金"体现在合同中会更合理。

从所得税到消费税的转变无法一蹴而就，只能循序渐进。而且我们也应该遵循这个路径，因为所得税的征收难度会越来越大，这可能导致税率不降反升，从而造成企业核心人员的劳动力成本上涨，这种压力会迫使企业裁减核心人员。这样就陷入了一种恶性循环。所以我们应该另辟蹊径寻找新的办法，即使这些办法刚开始看起来有些违背常理。

兼职专业人士

随着世界变得日趋复杂化，我们也不得不需要更多的专家。我们已经注意到，60%的新岗位需要的都是专业人士或管理人才。由谁来填补这些岗位呢？这些岗位的专业门槛不会因为技术的发展而降低，相反在技术的加持下，岗位上的从业者会表现得更加出色。就像外科手术中用到的计算机诊断程序不会取代医生，只会帮助他们更好地完成手术。还有律师、建筑师、咨询顾问，所有领域的专家都是如此。

专业人士将供不应求，他们会有更好的专业装备，但肯定也会更加繁忙。他们的工作时间会大大超过5万小时的正常标准。他们需要帮助，尤其是一些辅助性支持，比如给他们一些咨询建议，帮他们跟进后续事项，或者提供一些半专业性质的协助。按照颠覆性思维，我们更应该把这种情况看作机遇，而不是问题。

我们能不能设计更多方式，让那些已经走入人生"第三年龄"的人在辅助领域发挥余热，继续利用他们的经验与智慧？许多50多岁的人都有兴趣在医院、学校、律师事务所或教区兼职。我们已经看到类似情况的发生：有些诊所多了一些顾问，有些小学也有助教。全职专业人士的工作越忙，就越需要这些人来帮忙，同时也要给他们更正式的地位和必要的培训。

　　这样做的成本并不一定会很高。许多人愿意无偿奉献，以便有机会参加培训或贡献自己的一份绵力。还有些人只希望获得与兼职工作相匹配的兼职报酬。专业服务中的小型装置和技术成分越来越多，所以就需要增加一些人情味。此外，还有些倾听和解释的工作，专家往往无暇顾及或无心顾及，参与者的大部分时间往往都花在这些事情上面。

　　按照颠覆性思维，这些人需要通过必要的岗位培训，拿到合适的认证后才可以持证上岗，而不是以临时志愿者的身份帮忙。这样的话，公众就会感到放心，这些奉献者也会觉得自己的付出得到了认可，从而要求自己更称职。这会让许多中年人的生活组合变得更加充实，同样也会让我们的社会变得更加美好。

　　在新型社会中，人们将更加长寿，独居也更为普遍，在这种情况下专业护理服务领域也会人手不足。我们需要为老年人提供更高品质的居家环境、更多的服务，包括相应的配送服务、数字化服务以及家庭咨询服务，让他们可以一键订餐、一键叫车甚至一键呼叫护士上门。要满足这些服务需求，现有的全职专业人士就显得有些捉襟见肘，而处于人生"第三年龄"的兼职专业人士能派上大用场。

以时间换取金钱

　　当人手充足而资金紧缺时，为何不考虑用支付时间来代替金钱？

　　这个想法最初来自斯蒂芬·布拉格（Stephen Bragg），当时他是英国一家卫生机构的负责人。由于卫生服务资金紧张，而且顾问医师的人员成本也随着资历的增加而不断提高，所以该机构能聘用的顾问医师越来越少，而一大堆年轻有潜质的顾问医师则排队等着发展机会。布拉格提出了一个想法：为何不给所有顾问医师同样的薪资，但升职以后就给他们少安排一些工作呢？这样他们就可以利用省下来的时间在体系外挣钱或在组织内义务帮忙，或者用这时间去娱乐休闲。这样卫生机构就能聘用更多的顾问医师，让年轻人承担更多的工作，同时也保留了老专家的经验智慧和专业知识。这是一种真正的颠覆性思维，但可预见的是，当时人们并没有把这个想法太当回事。

但是当组织希望将其核心人员从拼体力的奋斗者岗位转到凭经验的顾问式岗位时，这种想法的价值就体现出来了。从传统观念来看，这感觉像是降职了，但是如果以时间而非金钱作为报酬，从这个角度看的话，性质就不一样了。

我们也可以通过这种方式合理安排个人的生活组合。我们的日常工作，有些是为了谋生，有些是出于善意和关怀，有些则是为了获得可自由支配的时间。我会写书，可惜码字不能让我发财。尽管深知这一点，但我仍然继续写书创作。部分原因是写书的工作让我得以留出大块的自由时间，用时间而非金钱来犒劳自己。还有些人则会每周空出三天，确保这三天没有正式安排，这样就能充分享受奖励给自己的"自由时间"。

还有别的方式可以给人们时间上的回报：教育培训的时间、与子女和家人相处的时间、自我提升的时间，当然还有假期时间。组织的核心人员在薪酬中可能更在意时间而不是收入。许多组织需要培养这种颠覆性思维，这样才能更好地留住核心人员。

在我看来，社会最顶尖的人才可能会在职业生涯早期就选择放弃高管职位，转而追求多元化的生活方式，这种趋势越来越明显。即便这意味着未来的财务状况不太稳定，他们也宁愿更多地掌握自己的时间。换句话说，他们更倾向于在财务回报和时间自由之间寻找平衡。如果这种情况真的发生，那么我们的组织可能就会变成二流人才的聚集地。对效率至上的组织而言，这可不是一个好兆头。

在职业生涯后期，给予员工更多的时间，以时间代替金钱回报员工，能在一定程度上让人们一生的收入曲线与支出曲线更加吻合。通常人们在年轻时为了维持家用会节衣缩食、精打细算，但到了五六十岁最不需要用钱的时候，反而经济状况最好。这就不太合理。在一个理智的世界中，人们应该在 40 多岁时收入达到顶峰，此后逐渐减少而非增加，取而代之的是有更多宝贵的自由时间。这些时间曾经可望而不可即。

颠覆性竞赛

颠覆性思维就像头脑风暴。人们很容易对每个想法提出强烈的反对意见。提出反对意见倒不难，但这种做法并不可取。当人们有了一个新的想法，往往需要展开讨论，进行思想碰撞，这样想法才会慢慢成形，或许在这个过程中还能启发新的思路。如果刚上来就反对，那新的想法就会被扼杀在摇篮中。听完新的想法，然后问个"为什么"，这一点也不难。难能可贵的是问"为什么不呢"，这样才能激发更多的想法。

本章提出了诸多理念，但并不是为了向读者展示一份精心措辞的行动方案，而是为了启发读者思考，让大家认识到这个世界并不一定要按照传统方式来运行。我们可以从多个角度来看待同一件事情，从下往上、从后往前以及由内向外去观察，从而激发我们的想象力和创造力。因为在这个非理性时代，无论我们是否愿意，世界万物的运行逻辑都与从前不同。

在某种程度上，这像是一场竞赛，一场带有目的的竞赛。如果生活真如我所设想的那样发生根本性变化，那么要想改变当前的社会秩序，创造力将变得无比重要。要想往前发展，就不可能维持现状。即便对现状稍做调整，那也不是最佳的发展路径。曼瑟尔·奥尔森（Mancur Olsen）认为，只有在战争、灾难或革命等动荡事件打破现状时，社会秩序才会发生变化。

如果我们无为而治，不采取任何行动，那灾难就会降临到我们身上。当我们迈入新世界，那些被排斥在外的底层民众会自己采取行动，以各种方式来颠覆整个世界。

希望我们能找到别的方式来改变社会秩序。英美两国一直是以判例法的方式来改变社会现状的，通过法律判例推动新的社会观念，最终形成新的社会秩序。在某种程度上，这是一种渐进式变化，这种润物细无声的方式不会给社会带来冲击。但愿在未来，公共场所看不到人吸烟，道路上没有人醉驾，暴力也从我们的屏幕上永远消失。

思想会引领风潮，从而带来社会的改变。这一进程虽然缓慢，但正如我在前面所言，思想的确可以推动世界的变化。有一批精英人士能够控制或影响我们的社会秩序。但愿这批人能积极拥抱颠覆性思维。我鼓励左右两翼的智库成员能天马行空地大胆想象，而不是只从务实角度出发。我鼓励反对派质疑社会的基本问题，而不是揪着细节不放。我建议教授和老师们鼓励学生要知其然更知其所以然，更多地思考"为什么是这样"和"为什么不是这样"，而不是"是什么"和"怎么办"。

日益变化的世界需要有新的思想出现。我们接触的新思想越多，就越能利用它们。想常人之不敢想，才能推动社会和个人的学习之轮往前转。如果人们争相拥抱颠覆性思维，那我们的学习之轮就会继续往前转。我是一个乐观主义者，因为我坚信人类本质上是一种学习型动物。只有当人们面临问题时，才会倒逼自己去学习，才会以此为契机做出改变。我唯一的担心就是我们的紧迫感还不够，就像第一章中的那只温水里的青蛙一样，还在缓慢适应不断变化的环境，直到自己被活活煮熟。

我们需要更多的"非理性的人"，他们想要改变世界，而不是适应世界，他们想要挑战正统，而不是屈从权威。这归根结底取决于个人的信念。我坚信我们是这个精彩纷呈世界的传承者。我们的使命不仅是在这个世界中生存，而是应当承担起使之更加美好的责任。我相信这同样适用于各种组织，它们承担着更多责任而不仅仅是生存，政府和个人也是如此。我们不能将重任寄托于"他们"。在这个非理性时代，将责任推给"他们"是极不明智的。

然而，如果我们希望看到的是渐进式的变化而不是疾风骤雨般的变革，希望看到在新判例和新思潮影响下社会慢慢发生变化，那么那些可能参与颠覆式计划或社会重构的精英人士就变得至关重要。要是他们没有通盘考虑，没有看到变化给每个人带来的机遇，那么那些被社会排除在外的底层民众早晚会掀起一场天翻地覆的变革。

所以本书不是关于失业的，而是关于就业的，因为最终只有那些奋战在岗位上的工作者才能改善失业者所处的环境。同样的道理，本书不是写给底层民众的，也不是面向文化水平不高的读者，而是写给那些身居要职、受人尊敬的精英人士，因为只有他们才能为组织核心外的人改变现状，如果他们愿意的话。

我担心的是，当个体变得更加放任自流，当越来越多的工作和生活游离于组织之外，我们的社会可能会变成一个自私自利的社会，而这种自私并不一定都是第八章所说的那种"适当"自私。耶鲁大学前校长、后任美国驻英国大使的金曼·布鲁斯特（Kingman Brewster）曾在一次英国精英集会上提出一个问题："谁来保障我们的未来？"面对这个问题，众人尴尬地低声私语，却无人能够明确作答。时至今日，这个问题依然值得深思。我的回答是，所有人都有责任和义务来保障我们的未来，尤其是那些有能力阅读本书的人，以及那些关心子孙后代生存环境的人。

也许我们仅凭个人的力量无法让我们的子孙后代远离核战争，无法更好地保护热带雨林，也无法让臭氧层保持完好。但是正如我在本书开头所说的，最重要的往往是生活中那些微不足道的事情：我们如何工作，如何处理婚姻、恋爱关系，如何休闲娱乐，如何处理人际关系，如何度过我们的每一天，以及如何安排我们的财富。我们可以跳出现状，在这些方面做出改变。非理性时代必然是一个充满探索的时代，而学习、改变以及成长的核心就在于探索。这是我的信念，也是我的希望源泉。

结语
Epilogue

我们如今生活的世界，早已不同于父辈们所熟悉的那个时代。而我们所处的世界，也无法给子孙后代的生活、婚恋与工作提供参考。我们正处于一个非理性时代，过去行之有效的方式，如今已不再值得信赖，几乎所有我们当下觉得理所当然的事情都会面临合理的质疑。

但有一点非常明确，那就是组织的重要性将逐渐减弱。我们中的许多人会在非正式组织中度过更多的时光。我曾问过几家大型金融机构的董事长："你们公司的高管和经纪人在 50～80 岁这段时间，肯定不会再为你们服务或与你们共事，他们将如何度过这些岁月？"他们承认这是个好问题，并表示："我们应该找个时间考虑一下。"但等到他们行动时，这些 50 多岁的人恐怕早已离开。

"我素来憎恶一切职业与社区，我所有的爱，唯独倾注于个体，"诗人亚历山大·蒲柏（Alexander Pope）如是说，"但我尤其厌恶并憎恨被称为'人'的这种动物，虽然我由衷地爱着约翰、彼得、托马斯等。"他会欣喜地看到，现在的世界甚至可能会在他所爱之人名单上添加上一两位女性，因为在这个时代，组织内外都非常注重个体差异。成功的组织都是围绕约翰、彼得、玛丽和凯瑟琳这些鲜活的个体而打造的，而不是建立在看不见、摸不着的"人力资源"之上的。在组织以外的世界，再无集体为我们提供庇护，我们将带着自己的名字独立于世。

个人主义精神非常适合英国这样的国家。尽管几十年来英国一直因为其大部分行业的低效而备受指责，但在新闻、电视、戏剧、金融、咨询、建筑、土木工程、医药、外科、设计、摄影和时尚方面一直享有盛誉，甚至备受褒扬。这些都是署名职业，也就意味着这类职业都会跟个人品牌挂钩。在这类职业中，组织结构更像一种网络状而非金字塔状，最看重的是个人才能而不是组织等级。随着各行各业越来越注重个人品牌，以个人品牌为代表的职场特色自然也会融入英国人以及大部分美国人所追求的个人主义精神。在英美两个传统民主国家，建立在大规模"人力"和"资源"基础上的大型组织一直表现得差强人意。在亚洲新兴民主国家，这类组织将表现如何，这是一件很有意思的事情，让我们拭目以待。

然而，一个尊重个体差异的社会既面临着自身的问题，也必然存在着机遇。自由和平等（可以把自由理解为与众不同的权利）一直是民主所追求的两个崇高目标，但遗憾的是，事实已经证明，这两者就像鱼和熊掌不可兼得。如果鼓励人们与众不同，最终就无法实现平等；如果保持人人平等，那自由就必然受到限制。所谓机会平等，通常定义为教育和医疗的权利，与完全平等也不能彻底画等号。法国大革命的仁人志士在自由和平等之上添加了博爱精神，所谓博爱，就是意识到还有其他人和自己一样重要。如果没有博爱精神来把自由和平等凝聚在一起，建立在个人主义之上的社会就会走向分崩离析。

选择的悖论

"当人享有自由选择的权利时，也许就会做出错误的选择"，这是个亘古不变的悖论。罪恶与自由是硬币的正反两面，没有罪恶的世界将没有选择。

　　本书中描述的各种能力，仿佛都是为了让个体更加自由，更加真实地成为自己。对于那些幸运者来说，生活充满了选择。他们可以选择在家中还是在办公室工作，可以选择品尝来自世界各地的新鲜美食，甚至通过电子目录进行购物选择。他们可以决定过得富足还是简朴。在这样的社会里，选择的多样性或许会逐渐削弱单一的主流价值观。由少数人制定规则，大多数人被迫遵守的情况将再也看不到了。未来十年，社会风气可能会变成"一切皆有可能"。只要不妨碍大多数人，每个人都可以按自己的方式生活，这种理念将被广泛接受。那些渴望个人自由同时又积极捍卫隐私的人一直都会打着"邻避效应"（Not In My Backyard，NIMBY）[○]的口号，这些用语再次预示着一场变革即将到来。

　　在这个社会，成就与满足将呈现出多种多样的面貌。我们可以将它称为一个宽容的社会，但也可能是一个高度分裂的社会，因为根植于个人成就和物质成功的个人主义，取代了我们在成长过程中所经历的集体主义和相互依存关系。对于强者，这无疑是个好消息，但对于弱者未必如此。唯有当每个人都拥有足够的选择、充分的信息和丰富的内在实力时，选择的自由才真正有意义。更为矛盾的是，在一个人人专注于自我提升、自我发展的社会，只有把支持和鼓励他人作为核心价值观，这个社会才能真正得以维系和繁荣。所谓的"适当自私"，其实它植根于无私之中。

　　○ 邻避效应指的是当一个社区或个人反对在其居所附近建设或安置不受欢迎的设施或项目的现象。虽然这些设施（如垃圾处理场、发电厂、监狱、庇护所等）可能对整个社会或城市有益，但因为这些设施可能带来噪声、污染、安全隐患或其他不利影响，人们往往会强烈反对它们在自己家附近落地。邻避效应反映了人们在面对公共利益与私人利益冲突时的矛盾心理：虽然大家都承认某些基础设施具备一定必要性，但不希望它们影响自己的生活质量。因此，邻避效应常常导致项目规划的推迟、选址的困难甚至项目的取消，尤其是在人口稠密或有组织抗议的地区。——译者注

　　如今 30 多岁的这一代人，也许是第一批能够真正体验选择自由的一代人。然而，他们可能会因此选择放弃在企业和社会中担任领导。一方面，对于那些才华出众的人来说，游走于组织边缘的组合式生活不仅自由自在，还能带来个人的满足与生活品质的提升。但是这样的话，组织里可能只剩下二流人才，那么未来谁来掌控社会发展的方向呢？另一方面，如果领导岗位都被德不配位者占据，只顾私利不顾他人的利益，那社会将变成一个个利益集团的温床，宛如古代皇宫中的权臣和爪牙，相互勾结、排斥异己。如果你身处其中，自然得意扬扬；但若被排斥在外，生活便会变得凄惨落魄。

　　如今，人际关系中的选择意味着，大家庭的成员不仅包括叔伯、姑姨和堂表兄妹，还包括继父继母、同父异母或同母异父的兄弟姐妹，甚至包括毫无血缘关系的继兄继妹。法院或许会考虑年幼的孩子，但谁来负责照顾年迈的继祖母呢？谁又能在兄弟姐妹陷入困境、孤苦伶仃时不离不弃呢？有人寄希望于新的社区，认为共享居所或工作场所可以取代传统的家庭网络。这些社区不再依赖血缘关系，而那些传统的家庭网络往往因为嫉妒和宿怨而四分五裂。但我担忧的是，社区中的人际关系总是比不上血浓于水的亲情。只要利益一致，这些共同利益驱动的社区就会蓬勃发展，而一旦出现利益分歧，它们便会分崩离析。当一个人年老孤寒、贫困潦倒时，所谓的选择自由可能就会变成一种苍白的嘲讽，而个人自由也很容易沦为冷漠的借口。

　　各个组织在追求灵活性和选择自由的过程中，必须反思自身的责任。例如，如果组织决定不对外包员工进行培训，那么这些员工的技能该由谁来提升呢？教育和培训的确能为受教育者提供更多的选择，甚至让他们有机会跳槽去更好的地方，但组织要是因为这个理由而放弃培训内部高管，这样做合理吗？过去，许多大型机构常常抱怨，一旦培养出了优秀人才，就会被其他公司挖走。即便在今天，许多行业依然面临同样的问题。如果组织继续坚持这样的思维方式，那么选择自由反而会阻碍组织的进步。过分强调组织的选择权和灵活性，最终会被视为对员工缺乏承诺，进而招致员工的冷漠与疏离。正所谓"种瓜得瓜，种豆得豆"，自私者，人亦自私以待之。

与此同时，各国政府在认识到市场机制能够激发活力、惩罚低效之后，往往倾向于让市场自行调节。然而，这种做法存在极大的风险。市场往往目光短浅，只看重眼前利益，最多只看到明年。市场天性自私，不愿意在那些无法精准预测结果或无法提前确定收益的领域投资。比如，前沿科学和新兴技术领域的基础性研究，就完全依赖于信念的支持。当年，剑桥大学科学研究委员会在破解 DNA 结构上进行了大量投入，谁又能预料，这项投资竟会催生了整个生物科技行业？同样，教育下一代也需要拥有坚定的信念。如果完全交由家长和相互竞争的学校来主导，那教育很快就会沦为少数人之间的职业内卷，而忘记它为大多数人提供成长机会的最初目的。日本政府意识到，为了全社会的未来，政府有责任把国家资源投入到创新基础设施建设中。因此，它们在全国 19 个地区新建了科技城，并优先资助 7 个新兴产业的基础研发。这类长期投资，不能靠单个企业去决策完成。

当金曼·布鲁斯特问"谁来保障我们的未来"时，他的意思是，政府往往只顾眼前利益，因此我们需要提高全民意识，为了子孙后代的福祉对未来进行投资。这种面向未来的投资将颠覆传统观念，因为传统上我们认为，借用未来的资源提升当下的生活水平，是具有经济合理性的。然而，市场没有足够的动力，政府也缺乏足够的意愿，去应对臭氧层被破坏或气候变暖问题。如果我们希望在未来 50 年内，荷兰和东安格利亚不被海水淹没，那么现在就必须有人开始行动。这一决策需要少数具有远见的人带头，并在得到大多数人支持的情况下，在更大范围内推行。这样才能确保我们今天的选择能够为未来带来真正的改变。

新的道德准则

在一个崇尚个人主义的世界里，主流的伦理观念很容易变成"只要不影响别人就行"或者"别人都这么做了，没事就好"，甚至"没人知道那就没问题"。1987年伦敦的内幕交易丑闻爆发时，一位资深的伦敦银行家竟称内幕交易为"无人受害的犯罪"，言下之意，这更像法律上的擦边球，而非道德上的过错，就像过海关时多带了一瓶威士忌那么轻描淡写。有些运动员辩解说，偶尔用些兴奋剂提升运动表现也无伤大雅，反正除了自己不会影响别人。还有人觉得，领取福利的同时偷偷打工并无不妥，国家反正负担得起。如果这种伦理观念占了上风，任何政府或组织想要为30年后的福祉进行投资，都会徒劳无功，若要把更多的资金花在别人身上，更是白费力气，因为选民、股东和员工都会强烈反对，他们会将这些举措扼杀在摇篮中。

新的社会，有些人可以享受新的自由和选择，但这些人需要停下脚步，回望身后，需要真正关心更广泛的社会，而不仅仅是他们的家人和所在的组织。唯有这样，新的自由和选择才能长久延续。就像如今的企业，考虑到长远发展，会回馈造福当地社区，因为良好和谐的社区环境能带来更优秀的员工和更忠诚的客户。同样，为了我们共同的未来，我们必须确保社会中的选择权不受限制。因为一旦选择权受到限制，这种自由和选择可能就会逐渐瓦解，甚至导致社会的停滞和自我毁灭。但是，对于企业和个人来说，这种决策不能只看眼前利益，而需要基于一种信念。我们应该顺应时代的潮流，提倡适度自私，而不是一味地只顾个人得失。

我们需要一种新的信仰或一种新的方式来拯救自我。博爱精神，也就是对他人无私的关爱，必须纳入我们的道德准则。我们要"爱邻如己"，首先学会关爱自己，然后不要忘了关爱他人。古希腊文化中有个词叫"Hubris"（狂妄自大），意思是一个人沉迷于自我成就，骄傲得不可一世。这样会引发众人不满，甚至引来诸神嫉妒，最终会遭到"Nemesis"（天谴），自取灭亡。这种不当的自私只能通过道德来约束，但却无法通过法律、制度或税收手段来避免。因为博爱精神是一种核心价值，无法委托给别人，只能通过组织中的核心人员、新时代的精英人士和幸运者来树立榜样。

尽管当前的种种表现并不太乐观，但我依然心怀希望。过度消费、德国豪车、电子产品以及那些常人需耗费一生积蓄才能买到的豪宅，这些往往是一种外在象征，其背后隐藏的是一个人的贪得无厌。有家公司的董事长，这里就不提名字了，在公司利润下滑 7% 的情况下却把自己的薪酬提高了 37%，对此既不解释也不道歉。这种假公济私的现象似乎已成为常态。

但我们也看到一些积极的现象：

● **鲍勃·格尔多夫效应**⊖。越来越多的人，尤其是年轻人，愿意为公益事业捐款。越来越多的公司也意识到，公益捐助理应纳入预算，并且在捐赠时显得更加慷慨。

● **公民纳税意愿提高。**多项调查显示，近 80% 的英国人表示，

⊖ 鲍勃·格尔多夫效应（Bob Geldof effect）特指爱尔兰歌手鲍勃·格尔多夫在 1985 年通过慈善义演为埃塞俄比亚的饥荒筹集资金而带动的社会慈善效应。因此，鲍勃·格尔多夫效应通常用来指代名人利用他们的影响力来推动慈善事业或社会正义的行动。——译者注

如果税收能用于改善教育、医疗和社会福利，那他们愿意交更多税。

- **充满理想的年轻人。**许多年轻人希望在他们的青春岁月中有一段海外工作经历，或是有机会对困境中的人伸出援手。他们知道自己大概率不会陷入贫困，这种安全感给了他们一种新的自由。

- **积极奉献的"第三年龄"人士。**越来越多的中年人发现，退休后的生活同样可以丰富多彩。他们已经在职场中证明了自己，如今希望能在教育领域、志愿组织以及体育和社区活动中助人为乐，为他人创造价值。他们通过帮助他人给自己的生活赋予了新的意义。

- **组织层面的社会贡献。**越来越多的公司鼓励员工为慈善活动贡献自己的才华和时间。这些贡献有时是在公司的工作时间内进行，有时通过借调方式参与，还有的时候公司会支持员工发起的个人公益行动。

我还有很多美好的期待。

真正的成就感来自成就他人。他人的成就、他人的成长、他人的幸福，会给我们带来最大的满足感。这种感受需要时间甚至一生去体会。父母对此深有体会，为人师表也能感同身受，杰出的管理者和所有关心弱势群体的人亦是如此。我们应该毫不掩饰地展现这种深植于人性深处的大爱，不仅要为自己着想，更要关怀他人，要为我们的后世后代以及共同的环境做出贡献。我们不该对此羞于谈起，而要对此感到骄傲。

我希望，随着越来越多的人将更多时间用于组织之外，他们会发现，帮助他人能丰富自己的人生。有偿工作的强度越大、机会越受限，反倒可能鼓励人们从事更多无偿工作，做出更多义务奉献。他们会意识到，真正给自己带来满足感的是在工作中所做的"贡献"。而他们可以在各式各样的工作中发光发热，尤其是在那些组织之外的领域。

我希望，人们在城市的钢筋水泥和村庄的烟火气之间，会选择居住在更具村庄气息的小型社区。在那里，人人都能喊出对方的名字，彼此都是熟悉的面孔。大家逐渐会有共同关心的话题。与陌生人相处本就困难，在茫茫人海中建立联系更是难上加难。但在这些小型社区里，陌生的面孔变少了，随意交谈和交流的机会增多了，人与人之间的距离也因此变得更近。

我希望，今天的人生已经走上了正轨。亚伯拉罕·马斯洛（Abraham Maslow）[⊖]早已指出，我们的需求是逐层递进的。简单来说，人生是一场不断筛选的旅程，直到找到真正属于"自己"的部分。如今，许多人很早就获得了成功，积累了财富，然后还有时间和精力去追求不同的生活方式，去发掘真正的自我。过去，许多人终其一生也没有足够的时间和精力去发掘自己的全部潜力。

我希望，在一个多元化的社会，成功的形式五彩斑斓。金钱和财产不再是衡量人生成功的唯一标准。艺术创意、社会创新、对他人的积极奉献、在大小舞台上展现出的政治领导力，或是优秀的写作、杰出的表演以及高水平的音乐创作，这些都可以成为人生成功的标志。我们需要尊重各种形式的成功，并通过实际行动去支持它们。

我希望，世间的各种信仰都能够更加关注外部世界，而不仅是对内求

⊖ 亚伯拉罕·马斯洛（1908—1970）美国著名心理学家，以提出"需求层次理论"而闻名，该理论阐述了人类的动机和基本需求的层次性。——译者注

索。我们应当明白，只有在今生为理想的人生而奋斗，来世才最有可能获得幸福。

我最终的希望寄托在人性本身，尤其是在女性身上。我认为，人们对外在成功的孜孜追求常常源于一种内心深处的不安、一种自我证明的渴望。当我们终于长大成熟时，就可以卸下伪装，活出真我。我深知，每个人都背负着属于自己的"原罪"，但我也坚信人之初、性本善。那些我最敬佩的人，往往都早早成长，成为真正的自我。似乎在不受组织束缚的环境中更容易邂逅这一类人。在我所看到的世界，组织正变得更加松散，面临各种威胁与挑战，但也给了更多人机会，让他们可以尽早卸掉伪装，活出真我。如果真是如此，那么这个"非理性时代"也许就会变成一个"伟大的时代"。

阅读推荐与参考
For Reading and Reference

　　我在书中提及了若干作者及其著作，这些著作和文章都对我产生了影响。若读者有意更深入地了解相关主题，这些内容无疑都值得一读。现将书目列于此，并附简要说明，以供参考。

第一章

Olson, M. *The Rise and Decline of Nations*. Yale University Press 1982.

该书深入研究了社会停滞不前或发生变化背后的过程及原因。

The Cookham Group. *Headlines 2000*. Hay Management Consultants 1988.

这是在合益集团赞助下开展的一群年轻高管对未来世界的前瞻性洞察。内容可读性强，引人深思。

Jones, B. *Sleepers Wake!* Wheatsheaf Books 1982.

该书警示澳大利亚人应该重新思考工作和生活的方式，其内容对英国人也极具借鉴意义。

第三章

Kinsman, F. *The Telecommuters*. John Wiley and Sons 1987.

该书通过经实践验证过的组织案例，为我们揭示了未来世界的一角，内容通俗易懂，令人耳目一新。

Hakim, C. "Homeworking in Britain," and Baran, B., "Office Automation and Women's Work," both in Pahl, R. E. (ed.) *On Work*. Blackwell 1988.

帕尔的这本书虽然带有一些学术气息，却将几个世纪以来的工作方式的演变历程徐徐道来。书中许多文章出自女性之手，为整本书增添了独特的色彩。

第四章

Naisbitt, J. *Reinventing the Corporation*. Warner Books 1985.

该书以独特的叙事方式，颠覆性地审视了在美国出现的种种企业变革，该书是作者 1982 年的畅销书《大趋势》(*Megatrends*) 的后续之作。

第五章

Deming, W.E. *Out of the Crisis*. Cambridge University Press 1986.

该书是质量管理大师的最新力作。对于管理者来说，这是一部不可或缺的重要读物。

Zuboff, S. *In the Age of the Smart Machine*. Basic Books 1988.

该书虽然颇具学术色彩，但引人入胜，它深入探讨了计算机如何重塑组织中人们对工作与权力的观念。

Bennis, W. and Nanis, B. *Leaders*. Harper & Row 1986.

该书最精彩之处在于它深刻记述了对美国各类组织中的领导者的访谈。

作者本尼斯后来在 1989 年出版的《成为领导者》（*On Becoming a Leader*）一书中进一步深化了这一主题。

Mant, A. *Leaders We Deserve*. Martin Robertson 1983.

该书独具风格，是由一位具有心理学背景的澳大利亚作家所著，他敏锐地剖析了英国的风土人情。

Cooper, C. and Hingley, P. *The Change Makers*. Harper & Row 1985.

该书包含对几位英国杰出人物的精彩访谈，深入探讨了塑造他们人生与思想的关键因素。

Peters, T. *Thriving on Chaos*. Harper & Row 1987.

该书有助于启发颠覆性思维，由《追求卓越》（*In Search of Excellence*）作者之一执笔。该书既引人入胜，又发人深省。

第六章

Duffy, M. *Gor-Saga*. Methuen 1981.

该书虚构了一个令人担忧的未来世界。

第七章

Kolb, D. *Experimental Learning*. Prentice-Hall 1984.

这是我读过的最精彩的对成人学习方式的解读。

Argyris, C. and Schon, D. *Organizational Learning: A Theory in Action Perspective*. Addison-Wesley 1978.

该书虽然带有些许学术气息，但对于那些希望在组织中从单纯培训过渡到深入学习的人而言，具有重要的价值。

Revans, R.W. *The Origins and Growth of Action Learning*. Chartwell Bratt 1982.

行动派学习的杰出倡导者详细解释了其发展历史及其理论依据。

Dewey, J. *Democracy and Education*. Free Press 1966.

该书对所有思想开放的教育者来说都是一本经典著作。

Illich, I. *Deschooling Society*. Penguin 1971.

该书对传统教育进行了严厉抨击。

Harvey-Jones, J. *Making It Happen: Reflections on Leader-ship*. Collins 1988.

在我看来，该书生动有趣地叙述了主人公如何凭一己之力改变了英国帝国化学工业公司的企业文化。

Kanter, R.M. *The Change Masters: Innovation for Produc-tivity in the American Corporation*. Simon & Schuster 1981.

这本书以权威的视角深入剖析了企业为何发生变革，如何变革，以及为何止步不前。作者又于 1989 年出版了一部力作《巨人学舞》（*When Giants Learn to Dance*）。

Mumford, A.L. et al. *Developing Directors: The Learning Process*. Manpower Services Commission 1987.

该书简明扼要地描述了英国顶尖管理者在晋升过程中是如何学到或未能学到东西的。

Gardner, H. *Frames of Mind*. Heinemann 1983.

该书虽然读起来有些艰涩，但极具分量，它彻底颠覆了人们对智力与教育的认知。